Wenzel

Patientenrechtegesetz
Das bleibt! Das ist neu! Das ist zu tun!
Leitfaden für Ärzte und Krankenhäuser

Patientenrechtegesetz
Das bleibt! Das ist neu! Das ist zu tun!

Leitfaden für Ärzte und Krankenhäuser

Rechtsanwalt Dr. Frank Wenzel

Bibliografische Information der Deutschen Bibliothek

Die Deutsche Bibliothek verzeichnet diese Publikation in der Deutschen Nationalbiografie; detaillierte bibliografische Daten sind im Internet über

http://dnb.d-nb.de abrufbar.

Bei der Herstellung des Werkes haben wir uns zukunftsbewusst für umweltverträgliche und wiederverwertbare Materialien entschieden.

Der Inhalt ist auf elementar chlorfreiem Papier gedruckt.

ISBN 978-3-86216-122-5

© 2014 medhochzwei Verlag GmbH Heidelberg.

www.medhochzwei-verlag.de

Dieses Werk, einschließlich aller seiner Teile, ist urheberrechtlich geschützt. Jede Verwertung außerhalb der engen Grenzen des Urheberrechtsgesetzes ist ohne Zustimmung des Verlages unzulässig und strafbar. Das gilt insbesondere für Vervielfältigungen, Übersetzungen, Mikroverfilmungen und die Einspeicherung und Bearbeitung in elektronischen Systemen.

Satz: creative vision, Lünen

Druck: Westermann Druck Zwickau GmbH

Printed in Germany

Geleitwort

Selbstverständliches für Patienten und Ärzte verständlich machen

Den Patientinnen und Patienten in Deutschland steht nicht nur eines der weltweit leistungsfähigsten Gesundheitssysteme mit einem niedrigschwelligen Zugang zu qualitativ hochwertigen medizinischen Angeboten zur Verfügung. In keinem anderen Land der Welt ist auch das Recht der Patienten auf eine gute medizinische Versorgung so stark ausgeprägt wie in Deutschland. Dabei sind die individuellen Patientenrechte nicht erst mit Inkrafttreten des Patientenrechtegesetzes verbindlich geregelt worden. Vielmehr wurden sie in mehreren Gesetzen, in den Berufsordnungen der Ärztinnen und Ärzte sowie in der vieljährigen Rechtsprechung entwickelt.

Mit der Kodifikation dieser Vorgaben im Patientenrechtegesetz hat der Gesetzgeber vor allem mehr Transparenz für Patienten und Ärzte geschaffen. Selbstverständliches wurde so verständlich gemacht. Hinzu kommt, dass das Gesetz zu mehr Rechtssicherheit für die Beschäftigten im Gesundheitswesen beitragen kann. Denn gut gemachte Dokumentationen von Therapieverläufen, wie sie im Gesetz verpflichtend angelegt sind, nutzen im Schadensfall nicht nur Patienten. Anhand der Aufzeichnungen kann auch der Arzt darlegen, wie er beispielsweise zu seinen Therapieentscheidungen gekommen ist, ob der Patient ausreichend aufgeklärt wurde oder ob entsprechende Einwilligungen zu Therapiemaßnahmen vorliegen.

Diese Informations- und Dokumentationspflichten dürfen aber nicht zu einem Übermaß an Bürokratie führen. Im Vordergrund muss immer die Behandlung der Patientinnen und Patienten und nicht die Dokumentation aller vor, während und nach der Behandlung veranlassten Maßnahmen stehen. Ausufernde Dokumentation bindet wertvolle Zeit, die primär für die Behandlung genutzt werden sollte.

Prof. Dr. Frank Ulrich Montgomery,
Präsident der Bundesärztekammer

Vorwort

Ende Februar 2013 ist das „Gesetz zur Verbesserung der Rechte von Patientinnen und Patienten", kurz Patientenrechtegesetz (PatrG), in Kraft getreten. Trotz großer medialer Aufmerksamkeit schon während des Gesetzgebungsverfahrens, herrscht Unsicherheit bei vielen Leistungserbringern im Gesundheitswesen. Denn verbesserte Rechte auf der einen Seite bedeuten verschärfte Pflichten auf der anderen Seite. Man muss kein Jurist sein, um diesen Zusammenhang zu sehen.

Was genau ist also „verbessert" worden?

Gibt es jetzt mehr Patientenrechte als vorher?
Hat sich die Ausgestaltung der Rechte geändert?
Gehen die Rechte über vormalige Grenzen hinaus?
Sind sie leichter durchzusetzen?
Welche erweiterten oder schärfer sanktionierte Pflichten stehen den Rechten gegenüber?

Leistungserbringer wie Ärzte und Krankenhäuser müssen sich zwingend mit den genauen Inhalten des Gesetzes auseinandersetzen, um sich (weiterhin) vorschriftsmäßig und gesetzeskonform zu verhalten. Da Patientenrechte und Arzthaftung keine Erfindung des Patientenrechtegesetzes sind, geht es nicht um eine völlige Neuordnung, sondern die Anpassung vorhandener Strukturen. Das fokussiert die Befassung mit dem neuen Gesetz für die Leistungserbringer auf zwei wesentliche Fragen:

Was ändert sich?
Gibt es unmittelbaren Handlungsbedarf?

Dieser Leitfaden gibt praxisnahe Antworten, indem er die Neuerungen in die bekannten Kontexte einpasst und den Blick auf Abweichungen zum Ist-Stand richtet. Es geht nicht um juristische Feinheiten, sondern um Anleitung für die praktische Umsetzung: Hinweise auf Haftungsfallen, Zusammenstellung von To Dos, Vorschläge für Übergangslösungen für noch Ungeklärtes, Tipps für Verwaltungsabläufe, Checklisten und Arbeitshilfen sowie Einschätzungen künftiger Entwicklungen und zu erwartender Rechtsprechung.

Das Patientenrechtegesetz stellt Ansprüche an die Praxis. Aber die Praxis wird auch die Anwendungswirklichkeit des Patientenrechtegesetzes formen.

Dr. jur. Frank Wenzel
im November 2013

Inhalt

Geleitwort — 5
Vorwort — **6**

A Einleitung — 11
1 Patientenrechte – Allgemeines — 11
   1.1 Was sind Patientenrechte? — 11
   1.2 Was regelt das Patientenrechtegesetz? — 12
2 Haftungsgrundlagen in der Arzthaftung — 14
3 Der Behandlungsvertrag als Teil des Bürgerlichen Gesetzbuches (BGB) — 16

B Patientenrechte aus dem Behandlungsvertrag – §§ 630a-h BGB — 17
1 Vertragstypische Pflichten des Behandlungsvertrages – § 630a BGB — 17
   1.1 Der Behandlungsvertrag als privatrechtlicher Vertrag — 17
   1.2 Die Vertragspartner des Behandlungsvertrages – Behandelnder und Patient — 18
      1.2.1 Der Behandelnde — 18
      1.2.1 Der Patient — 22
   1.3 Der Vertragsgegenstand des Behandlungsvertrages: Die medizinische Behandlung — 23
   1.4 Die vertragsgemäße Behandlung: Sorgfaltsmaßstab — 25
      1.4.1 Gesetzlicher Sorgfaltsmaßstab — 26
      1.4.2 Vertraglich vereinbarter Sorgfaltsmaßstab — 29
   1.5 Auf einen Blick: Zusammenfassung/Merkposten/To Dos — 34
2 Geltung von Regelungen des allgemeinen Dienstvertragsrechts – § 630b BGB — 38
   2.1 Der Behandlungsvertrag als Dienstvertrag — 38
   2.2 Regelungen aus dem allgemeinen Dienstvertragsrecht — 39
   2.3 Auf einen Blick: Zusammenfassung/Merkposten/To Dos — 44

3 Informationspflichten im Behandlungsverhältnis – § 630c BGB ... 46
   3.1 Das Behandlungsverhältnis als Vertrauensbeziehung ... 46
   3.2 Behandlungsbezogene Informationspflichten ... 47
   3.3 Offenbarungspflichten bei Behandlungsfehlern ... 50
      3.3.1 Wer ist offenbarungspflichtig? ... 51
      3.3.2 Offenbarungstatbestände ... 51
      3.3.3 Unterlassene Offenbarung ... 58
      3.3.4 Beweisverwertungsverbot ... 59
   3.4 Informationspflichten über Behandlungskosten ... 59
      3.4.1 GKV-Patienten/Privatpatienten ... 59
      3.4.2 Wunscherfüllende Medizin ... 61
      3.4.3 Irrtum über die Kostenübernahme ... 61
      3.4.4 Gänzlich fehlender Versicherungsschutz ... 61
      3.4.5 Unklare Kostenübernahme durch Dritte ... 62
      3.4.6 Mitwirkungspflichten ... 62
      3.4.7 „Kostenoptimierte Fehldiagnose" ... 62
      3.4.8 Textform der Information ... 62
      3.4.9 Verlust des Honoraranspruchs ... 63
      3.4.10 Ausblick ... 63
   3.5 Ausnahmetatbestände/Folgen bei Verstößen ... 64
   3.6 Auf einen Blick: Zusammenfassung/Merkposten/To Dos ... 66

4 Die Einwilligung des Patienten in die Behandlung – § 630d BGB ... 70
   4.1 Der selbstbestimmte Patient ... 70
   4.2 Einwilligungsfähigkeit ... 71
      4.2.1 Vorsorgevollmacht/Betreuung/Patientenverfügung ... 72
      4.2.2 Minderjährigeneinwilligung ... 74
      4.2.3 Mutmaßliche Einwilligung ... 77
      4.2.4 Widerruf der Einwilligung ... 77
   4.3 Auf einen Blick: Zusammenfassung/Merkposten/To Dos ... 78

5 Behandlungsbezogene Aufklärungspflichten – § 630e BGB ... 81
   5.1 Selbstbestimmung des Patienten – Aufklärungsinhalt ... 82
      5.1.1 Diagnoseaufklärung ... 82

		5.1.2	Aufklärung über Art, Umfang und Durchführung der Maßnahme	83
		5.1.3	Risiko- und Verlaufsaufklärung	83
		5.1.4	Aufklärung über die Erfolgsaussichten	85
		5.1.5	Medizinische Notwendigkeit/Indikation	86
		5.1.6	Dringlichkeitsaufklärung	86
		5.1.7	Alternativaufklärung – Relativ indizierte Eingriffe	87
	5.2	Formelle Anforderungen an die Aufklärung		89
		5.2.1	Mündlichkeit	89
		5.2.2	Person des Aufklärenden	90
		5.2.3	Rechtzeitigkeit	90
		5.2.4	Verständlichkeit	91
		5.2.5	Entbehrlichkeit der Aufklärung	92
	5.3	Aufklärungsadressat bei einwilligungsunfähigen Patienten		93
	5.4	Erläuterungspflicht gegenüber dem Einwilligungsunfähigen		95
	5.5	Rechtsfolgen bei Aufklärungsfehlern		95
		5.5.1	Haftungsvoraussetzung: Körper- oder Gesundheitsschaden	95
		5.5.2	Haftungsvoraussetzung: Zurechnungszusammenhang zwischen Aufklärungsfehler und Behandlungsergebnis	96
	5.6	Auf einen Blick: Zusammenfassung/Merkposten/To Dos		98
6	**Die Patientenakte – Dokumentation der Behandlung – § 630f BGB**			**102**
	6.1	Grundlagen der Dokumentationspflicht		102
	6.2	Die Patientenakte – Formelle Anforderungen		103
	6.3	Der Inhalt der Patientenakte		104
	6.4	Aufbewahrung der Patientenakte		108
	6.5	Auf einen Blick: Zusammenfassung/Merkposten /To Dos		109
7	**Einsichtnahme in die Patientenakte – § 630g BGB**			**111**
	7.1	Grundlagen des Einsichtsrechts		111
	7.2	Umfang des Einsichtsrechts		113
	7.3	Einsichtnahmeverlangen und Ablauf der Einsichtnahme		117
	7.4	Auf einen Blick: Zusammenfassung/Merkposten/To Dos		121

8 Arzthaftungsprozess – Beweislast bei behaupteten
Behandlungs- und Aufklärungsfehlern – § 630h BGB … 124
- 8.1 Beweislast – Was ist das? … 125
- 8.2 Beweislastumkehr: Voll beherrschbare Risiken … 128
- 8.3 § 630h Abs. 2 BGB – Beweislast für Einwilligung und Aufklärung … 134
  - 8.3.1 Beweisumfang … 134
  - 8.3.2 Hypothetische Einwilligung … 136
- 8.4 § 630h Abs. 3 BGB – Beweislastumkehr: Dokumentationsmängel … 136
- 8.5 § 630h Abs. 4 BGB – Gesetzliche Vermutung bei Anfänger-Behandlung … 137
- 8.6 § 630h Abs. 5 BGB – Beweislastumkehr bei groben Behandlungsfehlern … 138
  - 8.6.1 Vermutung des Ursachenzusammenhangs … 138
  - 8.6.2 Merkmal „grob" … 139
- 8.7 Auf einen Blick: Zusammenfassung/Merkposten/To Dos … 142

C Sonstige Patientenrechte im Patientenrechtegesetz … 146

1 Änderungen im Sozialgesetzbuch V … 146
2 Änderung des Krankenhausfinanzierungsgesetzes … 147

D Der Patient auf Augenhöhe – Grenzen des gesetzgeberischen Autonomiekonzepts … 148

E Ausblick … 151

Stichwortverzeichnis … 153

Der Autor … 165

A Einleitung

1 Patientenrechte – Allgemeines

1.1 Was sind Patientenrechte?

Patientenrechte sind keine Erfindung des Patientenrechtegesetzes (PatRG).

Patientenrechte ergeben sich aus zahlreichen Vorschriften auf verschiedenen Rechtsgebieten, etwa aus dem Verfassungs-, Zivil- oder Sozialrecht. Ihre nähere Ausgestaltung beruht auf Spezialnormen, Generalklauseln und allgemeinen Rechtsgrundsätzen. Und auf sog. Richterrecht. Das Arzthaftungsrecht mitsamt den Rechten und Pflichten aus dem Behandlungsvertrag war bislang ein durch Richterrecht geprägtes Rechtsfeld. Spezialgesetzliche Regelungen zum Behandlungsvertrag existierten nicht. Das ist alles andere als ungewöhnlich, gibt es im Bürgerlichen Gesetzbuch (BGB) doch z. B. auch keinen Vertragstyp „Anwaltsvertrag", „Steuerberatervertrag" oder „Architektenvertrag". Richterrecht ist kein Recht zweiter Klasse, sondern durch die Verfassung legitimiertes Mitwirken der Rechtsprechung am Rechtsprozess mit spezifischen Vor- und Nachteilen. Vor allem seine im Vergleich zu geschriebenem Recht größere Flexibilität ist ein großer Vorteil von Richterrecht.

Bewusst hat sich die Legislative langjährig gegen eine Kodifizierung des Arzthaftungsrechts positioniert. Zur Erläuterung des geltenden Rechts gaben die Ministerien für Gesundheit und Justiz seit 2003 die Broschüre „Patientenrechte in Deutschland – Ein Leitfaden für Patienten und Ärzte" heraus. Doch irgendwann forderten die Gesundheitspolitiker wählerwirksam für Patientenrechte ein „echtes" Gesetz. Die Arbeit hatte ohnehin die Rechtsprechung gemacht. Jene nun in ein Gesetz zu gießen, schien lösbare Aufgabe und versprach positive Schlagzeilen. Wer wollte schon etwas gegen die Festschreibung von Patientenrechten haben? Niemand. Ergebnis: Das zur Stärkung der Patientenrechte und ihrer Transparenz geschaffene Patientenrechtegesetz. Erklärtes Ziel: Information, Aufklärung und Transparenz.

Ein förmliches Gesetz mit Paragrafen und juristischer Fachsprache als taugliche Informationsquelle für Otto Normalpatient? Natürlich hat das niemand ernsthaft geglaubt. Die Politiker nicht, die Patienten nicht und die Ärzte und sonstigen Leistungserbringer auch nicht. Könnte das Gesetz diesem Anspruch entfernt gerecht werden, würde sich dieser Leitfaden im Abdruck des Gesetzeswortlautes mit wenigen Fußnoten erschöpfen können. Das tut er nicht. An seinem eigenen Maßstab gemessen, ist der Gesetzgeber also an seinem Info-Ziel gescheitert. Dem Informationsinteresse zu dienen ist aber auch keine vordringliche Aufgabe eines Gesetzes, auch nicht des PatRG.

Ein Gesetz ist ein interpretations-, kommentierungs- und auslegungsbedürftiger juristischer Text und keine Informationsbroschüre. Und das ist gut so.

1.2 Was regelt das Patientenrechtegesetz?

Das am 26. Februar 2013 in Kraft getretene Patientenrechtegesetz (PatRG) ist ein Artikelgesetz, das bereits geltende Gesetze ändert bzw. um neue Vorschriften ergänzt. Es fügt in das Bürgerliche Gesetzbuch (BGB) einen neuen Abschnitt über den „Behandlungsvertrag" ein, weitere Änderungen betreffen das Recht der sozialen Krankenversicherung (SGB V), die Patientenbeteiligungsverordnung (PatBeteiligungV) und das Krankenhausfinanzierungsgesetz (KHG).

Abb. 1: Patientenrechtegesetz

Um es klar zu sagen: Natürlich geht es im PatRG tatsächlich (auch) um Rechte des Patienten; die Bezeichnung „Patientenrechtegesetz" ist dennoch eine schmuckvolle Werbe-Etikettierung für eine gesetzgeberische Leistung, die sich in der Hauptsache bestenfalls (es ist nicht überall gelungen) in der Kodifizierung bis dato durch Richterrecht ausgeformten Arzthaftungsrechts innerhalb des Dienstvertragsrechts erschöpft. Der Behandlungsvertrag ist zudem ein zweiseitiger Vertrag mit beiderseits bestehenden Rechten und Pflichten und der einseitige Blickwinkel nur auf den Patienten entspricht zwar seiner besonderen Schutzbedürftigkeit, schafft aber eine unnötige Polarisierung zu den Leistungserbringern, die sich auf die Rolle als „Anspruchsgegner" reduziert sehen.

Fernab aller (vornehmlich gesundheitspolitisch denn gesundheitsrechtlich motivierten) Diskussion zwischen den Extremen „großer Wurf" und „misslungener Versuch" geht es am Ende für die Leistungserbringer im Gesundheitswesen um zwei Fragen:

> Was sind die wesentlichen Kennzeichen der aktuellen Rechtslage zur Arzthaftung seit Geltung des Patientenrechtegesetzes?
> Welcher Handlungsbedarf ergibt sich daraus?

Die nachfolgende Darstellung widmet sich diesen Kernfragen. Es geht um einen Überblick über die geltende Rechtslage und eine Orientierungshilfe bei der täglichen Arbeit im Gesundheitswesen.

Dabei ist vorweg klar zu stellen:
Das Gesetz lässt viele in der juristischen Fachdiskussion offene Fragen unbeantwortet und schafft eine ganze Reihe neuer Unklarheiten. Schwerfälliger Gesetzestext und eine aus Rechtsprechungszitaten zusammengeklebte „Patchwork-Gesetzesbegründung" verwirren an nicht wenigen Stellen auch den Juristen. Die Judikative muss Antworten finden. Bis sich eine verlässliche Rechtsprechung herausgebildet hat, bleibt dem praxisorientierten Medizinrechtler nur, der betroffenen Klientel neuralgische Punkte zu benennen und für jene Probleme, für die sich zukünftig in der Rechtsprechung durchsetzende Lösungen schwer antizipierbar sind, die gute alte Anwaltsdoktrin des „sichersten Weges" zum obersten Ratgeber zu erheben.

Dies vorausgeschickt soll im Folgenden ein Überblick darüber vermittelt werden, welchen (Rechts-)Wirkungskreis das PatRG hat, inwieweit die Regelungen zum Behandlungsvertrag unmittelbar auf die alltägliche Berufsausübung der Ärzte einwirken, welche Veränderungen sich durch das Gesetz ergeben und wo sich juristischer/richterlicher und/oder praktischer Klärungsbedarf ergibt.

2 Haftungsgrundlagen in der Arzthaftung

Das Haftungssystem in der Arzthaftung ist dualistisch geprägt, d. h. es ergeben sich die im Wesentlichen identischen Sorgfaltspflichten sowohl aus Vertrag (Haftung aus dem Behandlungsvertrag) wie aus Delikt (Haftung wegen unerlaubter Handlung). Besteht zwischen Arzt und Patient ein Behandlungsvertrag, dann verletzt der Arzt im Fall der Nichtbeachtung ärztlicher Sorgfaltspflichten gleichzeitig Pflichten aus dem Behandlungsvertrag (Haftung nach § 280 Abs. 1 BGB) und begeht eine unerlaubte Handlung (Haftung nach den §§ 823 ff. BGB). Die Haftung in beiden (zivilrechtlichen) Haftungssystemen läuft aber gleich und es ergeben sich seit Verlagerung des deliktischen Schmerzensgeldanspruchs des § 847 BGB a. F. in den Allgemeinen Teil des Schuldrechts des BGB dieselben Konsequenzen. Damit erhält der Patient freilich nicht „doppelten" Ersatz, sondern kann seinen Schadensersatzanspruch auf zwei Anspruchsgrundlagen stützen.

Regelungsreichweite des Patientenrechtegesetzes

Zur Einordnung der Regelungsreichweite des PatRG ist wichtig zu wissen: Die deliktische Haftung bleibt nach der Kodifizierung des Behandlungsvertrages neben der vertraglichen Haftung bestehen. Auch die Haftung nach ärztlichem Berufsrecht ist eigenständiges Recht. Die Verpflichtungen aus dem PatRG gehen vielfach über die berufsrechtlich in der MBO-Ärzte niedergelegten Verpflichtungen hinaus. Aus Gründen der Rechtseinheit und -klarheit sind hier sicherlich Anpassungen zu erwarten (vgl. Montgomery „Das Patientenrechtegesetz aus Sicht der Ärzteschaft" MedR 2013, 149), wobei es sich empfiehlt, die nähere Umsetzung der leider in wichtigen Fragen unklaren neuen Gesetzeslage abzuwarten.

Bedeutung des Deliktsrechts

Eigenständige Bedeutung erlangt der Anspruch aus unerlaubter Handlung derzeit nur, soweit eine vertragliche Haftungsgrundlage fehlt, also mit dem konkreten Schädiger kein Behandlungsvertrag zustande gekommen ist (etwa im Verhältnis des Patienten zum angestellten Krankenhausarzt ohne eigenes Liquidationsrecht).

Abb. 2. Arzthaftung

3 Der Behandlungsvertrag als Teil des Bürgerlichen Gesetzbuches (BGB)

Das PatRG fügt die neuen Vertragsregelungen zum Behandlungsvertrag in das Bürgerliche Gesetzbuch, Buch 2, Abschnitt 8, Titel 8 „Dienstvertrag und ähnliche Verträge" im Untertitel 2 als Normen §§ 630a bis 630h BGB ein. Damit ist der Behandlungsvertrag eine eigenständig anerkannte Sonderform des Dienstvertrages.

Die §§ 630a ff. BGB enthalten die Vertragspflichten der Parteien eines Behandlungsvertrages. Eine Verletzung dieser Pflichten führt zur Haftung nach den allgemeinen Vertragshaftungsvorschriften des BGB. Anknüpfung ist die zentrale vertragliche Haftungsnorm § 280 Abs. 1 BGB. Rechtsfolge ist die Pflicht zum Ersatz der infolge der Pflichtverletzung entstandenen materiellen Schäden (§ 249 ff. BGB) und bei Verletzung von Körper, Gesundheit oder (Fortbewegungs-)Freiheit auch die Zahlung von Schmerzensgeld (§ 253 Abs. 2 BGB).

Nachstehend ist der Gesetzeswortlaut der einzelnen neu eingefügten BGB-Vorschriften der Erläuterung vorangestellt.

B Patientenrechte aus dem Behandlungsvertrag – §§ 630a-h BGB

1 Vertragstypische Pflichten des Behandlungsvertrages – § 630a BGB

> **§ 630a BGB**
>
> (1) Durch den Behandlungsvertrag wird derjenige, welcher die medizinische Behandlung eines Patienten zusagt (Behandelnder), zur Leistung der versprochenen Behandlung, der andere Teil (Patient) zur Gewährung der vereinbarten Vergütung verpflichtet, soweit nicht ein Dritter zur Zahlung verpflichtet ist.
>
> (2) Die Behandlung hat nach den zum Zeitpunkt der Behandlung bestehenden, allgemein anerkannten fachlichen Standards zu erfolgen, soweit nicht etwas anderes vereinbart ist.

1.1 Der Behandlungsvertrag als privatrechtlicher Vertrag

Der Behandlungsvertrag ist privatrechtlicher Dienstvertrag. Dies ist aufgrund der öffentlich-rechtlichen Bezüge der Behandlungsverträge zwischen Vertragsärzten und GKV-Patienten nicht unbedingt selbstverständlich.

Medizinische Leistung gegen Vergütung

Dienstverträge sind gekennzeichnet durch die Leistung von Diensten gegen Vergütung. Dies sind entsprechend auch die Hauptleistungspflichten des Behandlungsvertrages. Die speziellen Dienste bestehen in der medizinischen Behandlung. Da diese Dienste im Allgemeinen nur aufgrund besonderen Vertrauens an den Dienstleistenden (Arzt) übertragen werden, sind es sog. Dienste „höherer Art", was im Zusammenhang mit der Anwendung verschiedener Vorschriften des allgemeinen Dienstvertragsrechts eine Rolle spielt.

Zunächst ist als Leistungsinhalt des Behandlungsvertrages festzuhalten: Der Arzt schuldet die (medizinische) Behandlung, der Patient die Vergütung.

GKV-System und Vergütungspflicht

Die Vergütungspflicht trifft nach dem Gesetzeswortlaut den Patienten nur, „soweit nicht ein Dritter zur Zahlung verpflichtet ist." Beim gesetzlich versicherten Patienten ist die Abrechnung von vertragsärztlichen Leistungen in die Sozialsysteme verlagert, tritt also heraus aus dem unmittelbaren Austauschverhältnis, dennoch bleibt der Kern der Vertragsbeziehung auch hier privatrechtlich. Der GKV-Patient muss allerdings nur das ihm innerhalb des Abrechnungssystems Obliegende tun, um daran mitwirken, dass die Honorarzahlung im Rahmen des GKV-Abrechnungssystems auch abgewickelt werden kann. So ist er zur Vorlage der elektronischen Gesundheitskarte (§ 291 Abs. 2a SGB V), ersatzweise der Krankenversichertenkarte, vor der ersten Inanspruchnahme im Quartal verpflichtet. Näheres über das Verfahren und die Möglichkeit der Vergütungsabrechnung gegenüber GKV-Patienten bei Nichtvorlage der Ausweise regeln § 18 Bundesmanteltarifvertrag Ärzte bzw. § 21 Bundesmanteltarifvertrag Ärzte/Ersatzkassen. Über die unter bestimmten Voraussetzungen mögliche Inanspruchnahme vertragsärztlicher Leistungen durch im Ausland krankenversicherte Personen und ihre Abrechnung informieren die Kassenärztliche Bundesvereinigung und die Deutsche Verbindungsstelle Krankenversicherung – Ausland auf ihren Internetseiten (www.kbv. de; www.dvka.de).

Vor diesem Hintergrund ist eine unmittelbare Anwendung der Vorschrift für alle Patienten, auch GKV-Patienten, gegeben.

1.2 Die Vertragspartner des Behandlungsvertrages – Behandelnder und Patient

Parteien des Behandlungsvertrages sind derjenige, der die medizinische Behandlung des Patienten zusagt, und der Patient. Der Vertrag kommt im ambulanten Bereich schlicht durch die Inanspruchnahme der Leistung zustande, im stationären Bereich ist Schriftform üblich und vorgeschrieben.

1.2.1 Der Behandelnde

Der Gesetzentwurf bezeichnet denjenigen, der die Behandlung zusagt, als „Behandelnden".

Damit ist der vertraglich verpflichtete „Behandelnde" nicht notwendig derjenige, der auch die Behandlung vornimmt. Dies gilt trotz des Verweises von § 630b BGB auf § 613 BGB (dort ist bestimmt, dass der Dienstverpflichtete grundsätzlich höchstpersönlich zu leisten hat) und nur solange die Leistung delegationsfähig ist.

In Zukunft gibt es also zwei „Behandelnde" im Rechtssinne:
Den vertraglich zur Behandlung Verpflichteten („Behandelnder" i. S. d. Gesetzes) und den die Behandlung aktiv vornehmenden Behandelnden („Behandelnder" im natürlichen Wortverständnis). Diese können personenidentisch sein oder nicht.

Arten von Behandlungsverträgen

Die gesetzliche Regelung umfasst alle bekannten von der Rechtsprechung ausgebildeten Vertragsarttypen; angesprochen sind damit die Krankenhausaufnahmeverträge. Vertragspartner und „Behandelnder" ist hier der Krankenhausträger. Da das Gesetz keine näheren Bestimmungen für die Verträge enthält, ist für die Diskussion um einzelne Wirksamkeitsvoraussetzungen und vor allem die Problematik der Haftungsausschlüsse bei den sog. Wahlleistungsverträgen, die zu einer Haftung nur des behandelnden Arztes, nicht auch des Krankenhauses für ärztliche Behandlungsfehler führen, vorerst nichts gewonnen.

Der „Behandelnde" im Sinne des Gesetzes ist also der, der sich durch Abschluss des Behandlungsvertrages zur medizinischen Leistung verpflichtet hat, dem Patienten somit die Behandlung schuldet. Ob er sie selbst vornimmt oder nur veranlasst, ergibt sich aus den bekannten Konstellationen zur Vertragsgestaltung.

Im Einzelnen:

Niedergelassener Arzt
Ist der niedergelassene Arzt alleiniger Praxisinhaber und behandelt einen Patienten ambulant, so ist der Arzt aktiver und zugleich vertraglich verpflichteter Behandelnder im Sinne des Gesetzes. Für zur Behandlung eingesetztes Personal haftet er nach der vertraglichen Zurechnungsnorm für fremdes Verhalten (§ 278 BGB).

Gemeinschaftspraxis
In der Gemeinschaftspraxis versprechen (anders als in der nur büromäßig zusammengeschlossenen und getrennt abrechnenden Praxisgemeinschaft) alle dort zur gemeinsamen Berufsausübung zusammengeschlossen Ärzte die Behandlung des Patienten, unabhängig davon, wer die spezifische medizinische Leistung dann erbringt. Nach §§ 705 ff. BGB (Vorschriften betreffend die Gesellschaft bürgerlichen Rechts) haften dann auch diejenigen Gesellschafter, die den Patienten nicht selbst behandeln, vertraglich mit (BGHZ 142, 126). Diese gesamtschuldnerische Vertrags-Haftung nach § 421 BGB bedeutet, dass jeder Gesellschafter vom Patienten einzeln und unabhängig von der Inanspruchnahme der anderen in Anspruch genommen werden kann. Selbstverständlich kann der Patient die Erfüllung des sich aus der Haftung ergebenen Ersatzanspruches aber nur insgesamt einmal verlangen.

Partnerschaftsgesellschaft

In Partnerschaft nach dem PartGG zusammengeschlossene Ärzte können ihre vertragliche Haftung als Gesamtschuldner durch den Nachweis, dass nur einer der Partner den Patienten behandelt hat, auf die Haftung dieses Handelnden beschränken (§ 8 Abs. 2 PartGG). Damit besteht zwar durchaus ein Behandlungsvertrag mit allen Mitgliedern der Gesellschaft und alle versprechen auch die medizinische Behandlung, jedoch ist die Haftung auf den tatsächlich Handelnden beschränkt.

Belegarzt

Der als Belegarzt zugelassene Arzt verspricht dem Patienten die medizinische Leistung (auch) in einem Krankenhaus. Er bleibt damit auch bei einer solchen „Krankenhausbehandlung" Vertragspartner des Patienten. Die Vertragsverhältnisse spalten sich hier also auf zwei Behandlungsverträge auf und die jeweiligen Pflichten sind abzugrenzen.

Belegärztegemeinschaft

Besitzen alle Gesellschafter einer Gemeinschaftspraxis die Zulassung als Belegärzte, setzt sich deren gesamtschuldnerische Haftung auch als „Belegärztegemeinschaft" fort (BGHZ 144, 296).
Eine Haftung als Belegärztegemeinschaft entsteht sogar dann, wenn die Belegärzte eines Krankenhauses lediglich nach außen hin wie eine Gemeinschaftspraxis organisiert sind, dem Patienten gegenüber also aufgrund kooperativer Ausgestaltung ihres Zusammenwirkens wie eine „Belegärztegemeinschaft" auftreten (BGH VersR 2006, 361). Umgekehrt kann der Patient nicht davon ausgehen, dass jeder andere Arzt, der neben seinem Belegarzt kooperativ an seiner Operation mitwirkt, ihm die medizinische Leistung, die Gegenstand des Behandlungsvertrags sein soll, „im Ganzen" verspricht. So haftet der Anästhesist, der im Belegkrankenhaus die Narkose des Belegpatienten übernimmt, nicht für die Leistung des Operateurs.

Konsiliararzt

Inwieweit der Konsiliararzt als vertraglich gebundener Behandelnder gilt, hängt vom Einzelfall seiner Hinzuziehung ab. Im Regelfall kommt ein Behandlungsvertrag zum Konsiliararzt zustande, wenn der mit Wissen und Wollen des Patienten hinzugezogen wird oder von einer – auch stillschweigend erteilbaren – Vollmacht dahin auszugehen ist, dass der Arzt zur Behandlung nötige Fremdleistungen, wie die Veranlassung einer Untersuchung menschlichen Materials durch einen Pathologen, veranlassen soll. Nur in Ausnahmefällen finden hier die Grundsätze über die Geschäftsführung ohne Auftrag (GoA) (§§ 677 ff. BGB) Anwendung.

Medizinisches Versorgungszentrum (MVZ)

Die Haftung im MVZ richtet sich nach der Organisationsform des MVZ.
Soweit angestellte Ärzte tätig werden, fallen der behandelnde Arzt und der Behandelnde i. S. v. § 630a BGB auseinander, denn die angestellten Ärzte ver-

sprechen nicht selbst die medizinische Behandlung, sondern ihr Arbeitgeber. Nur Letzterer ist dann Behandelnder i. S. d. Gesetzes. Der Träger des MVZ muss sich das Handeln der angestellten Ärzte nach § 278 BGB zurechnen lassen. Die angestellten Ärzte selbst haften dem Patienten („nur", aber in den Konsequenzen gleichlaufend) deliktisch.

Krankenhausträger
Bei der Krankenhausbehandlung ist der Krankenhausträger „Behandelnder" i. S. d. Gesetzes. Darüber hinaus können mit einzelnen weiteren, liquidationsberechtigten Krankenhausärzten oder Belegärzten Behandlungsverträge zustande kommen.

Ausgehend von der höchstrichterlichen Rechtsprechung des Bundesgerichtshofs (BGH VersR 1998, 728 ff.), welche das neue Gesetz nicht antastet, kommen insoweit herkömmlicher Weise drei typische Vertragsgestaltungen vor:

› *totaler Krankenhausvertrag*
  Beim totalen Krankenhausvertrag verpflichtet sich der Krankenhausträger, alle für die stationäre Behandlung erforderlichen Leistungen einschließlich der ärztlichen Versorgung zu erbringen. Behandelnder i. S. v. § 630a BGB ist der Krankenhausträger.
› *gespaltener Krankenhausvertrag*
  Beim gespaltenen Arzt-Krankenhaus-Vertrag ist der Vertrag mit dem Krankenhausträger insbesondere auf die allgemeinen Krankenhausleistungen gerichtet, während die ärztlichen Leistungen aufgrund eines besonderen Vertrags von einem (Beleg-)Arzt erbracht werden. Behandelnde i. S. v. § 630a BGB sind sowohl Krankenhausträger wie Belegarzt, allerdings sind ihre Pflichtenkreise gegeneinander abzugrenzen. Jeder haftet für die von ihm übernommenen Pflichten. Organisatorische Pflichtverletzungen sind häufig beiden Verpflichteten anzulasten.
› *totaler Krankenhausvertrag mit Arztzusatzvertrag*
  Beim totalen Krankenhausvertrag mit Arztzusatzvertrag verpflichtet sich der Krankenhausträger zur umfassenden Leistungserbringung einschließlich der ärztlichen Behandlung. Daneben schließt der Patient aber einen weiteren Vertrag über ärztliche Leistungen mit dem behandelnden Arzt ab. Soll eine wahlärztliche Behandlung bei einem stationären Krankenhausaufenthalt – wie regelmäßig – in der Form erfolgen, dass der Patient nicht nur mit dem Krankenhausträger, sondern auch mit den behandelnden liquidationsberechtigten Ärzten vertragliche Beziehungen eingeht, so wird es auch weiterhin eine Frage der Vertragsgestaltung im Einzelfall sein, ob der (zusätzliche) Vertrag zwischen dem Patienten und dem Arzt bereits – im Wege eines Vertretergeschäfts – unmittelbar Gegenstand der zwischen dem Krankenhausträger und dem Patienten abgeschlossenen Wahlleistungsvereinbarung ist, oder ob es hierzu einer weiteren Abrede zwischen dem Arzt und dem Patienten bedarf.

1.2.1 Der Patient

Der Patient ist regelmäßig derjenige, der sich in Behandlung begibt. Allerdings kommt nicht in allen Fällen mit diesem der Behandlungsvertrag zustande.

Minderjährige Patienten

Bei der Behandlung von Minderjährigen ist im Zweifel davon auszugehen, dass der Vertrag als Vertrag zugunsten Dritter (§ 328 BGB) mit den gesetzlichen Vertretern des minderjährigen Patienten zustande kommt (BGH 2005, 2069). Diese haben also die Rechtsstellung des Vertragspartners des Behandelnden und üben die Rechte und Pflichte des Behandlungsvertrages zugunsten ihres Kindes aus.

Dabei wird dann, wenn es sich um Eltern handelt, die miteinander verheiratet sind und nur ein Ehegatte das Kind vorstellt, regelmäßig über § 1357 BGB auch der andere Ehegatte mit verpflichtet. Medizinisch notwendige, insbesondere unaufschiebbare, Behandlungen bewegen sich regelmäßig innerhalb des in jener Norm für ein wirksames Handeln der Ehegatten für den jeweils anderen vorausgesetzten „angemessenen Deckung des Lebensbedarfs der Familie".

Die Diskussion, ob ein gesetzlich versicherter Minderjähriger mangels Zahlungsverpflichtung selbst einen wirksamen Behandlungsvertrag abschließen kann, sollte im Alltag keine Rolle spielen: Es empfiehlt sich bei Minderjährigen regelmäßig eine Vertragsbeziehung zu den Eltern. Andernfalls hätte man die schwer nachvollziehbare Situation, dass gesetzlich versicherte beschränkt geschäftsfähige Minderjährige selbst kontrahieren können, privat versicherte Minderjährige aber nie.

Besondere Probleme ergeben sich weniger im Zusammenhang mit der für den Vertragsschluss relevanten Geschäftsfähigkeit von Minderjährigen, sondern ihre Einwilligungsfähigkeit betreffend. Diese nämlich ist weiterhin nicht näher gesetzlich geregelt. Damit zusammenhängende Einzelfragen werden bei der Einwilligungsproblematik im Rahmen des § 630c BGB erörtert.

Nicht geschäftsfähige, volljährige Patienten

Für nicht geschäftsfähige, volljährige Patienten schließt ein (etwa durch Vorsorgevollmacht) Bevollmächtigter oder ein gerichtlich bestellter Betreuer den Behandlungsvertrag ab. Mit diesen anstelle des Patienten rechtsgeschäftlich Handelnden wird auch das Aufklärungsgespräch geführt und ihre Einwilligung ist erforderlich, soweit nicht eine Patientenverfügung die Maßnahme gestattet oder untersagt (§ 630d Abs. 1 Satz 2 i. V. m. § 630e Abs. 4 BGB). Im Einzelnen ist die rechtsgeschäftliche Vertretung des Patienten weit weniger kompliziert als seine Vertretung bei der Einwilligung.

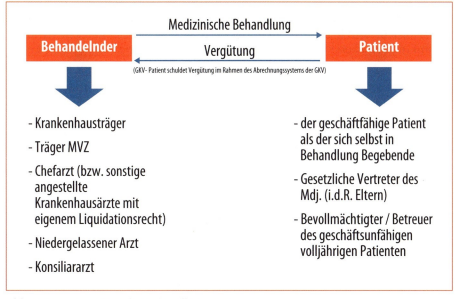

Abb. 3: Vertragspartner des Behandlungsvertrages

1.3 Der Vertragsgegenstand des Behandlungsvertrages: Die medizinische Behandlung

Die Definition des Behandlungsvertrages in § 630a BGB führt am Ende nicht besonders weit, verzichtet das Gesetz doch auf die nähere Beschreibung des vertragstypischen Inhalts des Behandlungsvertrages, nämlich der medizinischen Behandlung. Mit der Wahl des Begriffs „medizinische Behandlung" statt „Heilbehandlung" ist allerdings klargestellt, dass die Behandlung nicht mehr ausschließlich über ihren Heilzweck definiert wird. Dies entspricht der geltenden Rechtsprechung, nach der auch bloß ästhetischen Zwecken dienende medizinische Maßnahmen als Behandlungen i. S. d. Arzthaftungsrechts angesehen werden, desgleichen Maßnahmen zur Empfängnisverhütung, Maßnahmen im Rahmen der Reproduktionsmedizin und zur Geschlechtsanpassung. Die medizinische von der rein kosmetischen Schönheitsbehandlung abzugrenzen, wird die Rechtsprechung zukünftig durchaus weiter beschäftigen.

Regelfall bleibt die Heilzwecken dienende Behandlung. Sie umfasst neben der Diagnose die Therapie und damit sämtliche Maßnahmen und Eingriffe am Körper eines Menschen, um Krankheiten, Leiden, Körperschäden, körperliche Beschwerden oder seelische Störungen nicht krankhafter Natur zu verhüten, zu erkennen, zu heilen oder zu lindern (so die Gesetzesbegründung unter Bezug auf Laufs/Kern, Handbuch des Arztrechts, 4. Aufl. 2010, § 29 Rn. 4 ff.).

Erfasst werden aber nicht nur Behandlungen durch (Zahn-)Ärzte, Psychologische Psychotherapeuten und Kinder- und Jugendlichenpsychotherapeuten, sondern ferner auch Behandlungen durch Angehörige anderer Heilberufe, etwa Heilpraktiker und im Übrigen Leistungen solcher Berufe, deren Ausbildung nach Artikel 74 Abs. 1 Nr. 19 des Grundgesetzes durch Bundesgesetz geregelt ist (Hebammen, Masseure und medizinische Bademeister, Ergotherapeuten, Logopäden, Physiotherapeuten). Es ist kaum damit zu rechnen, dass diese Berufsgruppen im Ergebnis in allen Einzelheiten einer annähernd vergleichbar strengen Vertragshaftung unterworfen werden wie die (Zahn-)Mediziner, allerdings zeigt sich hier die durch den Gesetzgeber erwünschte weite Auslegung des Begriffs der „medizinischen Behandlung".

Man dürfte die medizinische Behandlung recht verlässlich anwenderbezogen bestimmen können: Wer Arzt/Zahnarzt ist oder zu dem zuvor erwähnten Personenkreis gehört, dessen Tätigkeit für seine Patienten ist im Zweifel medizinische Behandlung!

Verträge mit Apothekern sind vom Anwendungsbereich der §§ 630a BGB ff. ausgeschlossen, da Apotheker nicht zur Behandlung von Patienten befugt sind.

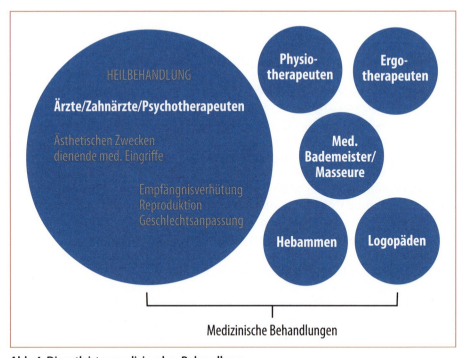

Abb. 4: Dienstleister medizinscher Behandlung

1.4 Die vertragsgemäße Behandlung: Sorgfaltsmaßstab

Vorweg:
Den Sorgfaltsmaßstab bestimmt maßgeblich nicht das PatRG, sondern die Medizin!

Was heißt das?
Das heißt, dass das Gesetz nur allgemein mit generellen Umschreibungen festlegt, welche Anforderungen an ein vertragsgemäßes Verhalten zu stellen sind. Was das im Einzelnen bedeutet, entscheidet sich nach medizinischen Maßstäben und diese muss im Streitfall die Justiz ermitteln.

Die Regelungen zur Vertragshaftung schreiben das Folgende vor:
Der Arzt haftet wie jeder andere Vertragspartner nur für eine vorwerfbare Pflichtverletzung. Vorwerfbares Verhalten ist gegeben, wenn ein anderer durch mindestens fahrlässiges Verhalten geschädigt wird. Fahrlässig handelt nach § 276 Abs. 2 BGB wer „die im Verkehr erforderliche Sorgfalt außer Acht lässt". Hierher stammt der Begriff „Sorgfaltsmaßstab". Dabei gilt im Vertragsrecht anders als im Strafrecht, wo individuelle Schuld festgestellt werden muss, der sog. objektiv-abstrakte Sorgfaltsbegriff, d. h. persönliche Umstände, wie fehlende Kenntnisse, psychische oder körperliche Überlastung (etwa bei Nachtdiensten), mangelnde Geschicklichkeit oder Körperkraft, entlasten nicht.

Worauf bezieht sich der Sorgfaltsmaßstab?
Ein Behandlungsgeschehen ist durch eine Vielzahl von Entscheidungen, Handlungen und bewussten Unterlassungen geprägt. Knapp gesprochen muss „alles, was der Arzt im Zusammenhang mit der Behandlung macht und entscheidet", also sein gesamtes Verhalten, den Sorgfaltsanforderungen gerecht werden. Betroffen sind also nicht nur fachmedizinische Entscheidungen und praktisches Vorgehen, sondern auch der gesamte organisatorische Bereich. Es geht um den Behandlungsprozess insgesamt!

Abb. 5: Vertragspflichten

Soweit nun in § 630a Abs. 2 BGB festgelegt wird, dass „die Behandlung nach den zum Zeitpunkt der Behandlung bestehenden allgemein anerkannten fachlichen Standards" zu erfolgen hat, ist dies eine Konkretisierung der Sorgfaltsanforderung an die ärztliche Gesamtleistung inklusive all ihrer Teilaspekte während des Behandlungsgeschehens.

1.4.1 Gesetzlicher Sorgfaltsmaßstab

Die Festlegung auf „die allgemein anerkannten fachlichen Standards" hat bereits zu angeregter Diskussion unter Medizinrechtlern geführt: Der Gesetzgeber habe hier die Therapiefreiheit angetastet und den Arzt auf buchstabengetreue Leistung nach festgeschriebenen Regelungskodexen festgelegt.

Richtig ist, dass das PatRG tatsächlich Anlass gibt zu prüfen, ob eine Einschränkung der ärztlichen Therapiefreiheit beabsichtigt ist.

Bisher galt:
Sorgfaltsgemäße Behandlung ist ein dynamischer Prozess, innerhalb dessen der Arzt laufend auf veränderte Umstände, individuelle Besonderheiten und Gefahren reagieren muss und in welchem er hinsichtlich der Art und Weise seines Vorgehens Therapiefreiheit unter Einschluss sachgerechter, am Einzelfall orientierter Methodenwahl genießt. Die unter Beachtung aller für eine sachgerechte Behandlung allgemein und im konkreten Einzelfall zu wertenden Umstände vom Arzt getroffene Therapieauswahl ist eine sorgfaltsgemäße Therapieentscheidung. Selbstverständlich muss wesentlicher Faktor der Abwägungsleistung des Arztes bei der Therapiewahl und der Entscheidung über das nähere Vorgehen der anerkannte Standard seines Fachgebiets sein.

Das, was objektiv in der medizinwissenschaftlichen Diskussion der beteiligten Fachkreise und in praktischer Bewährung als anerkannte Maßnahme gilt, ist schon nach geltender Rechtsprechung zentrale Vorgabe, an der sich die Einzelfallentscheidung messen lassen muss. Keinesfalls weniger, aber auch nicht mehr. Sonst gäbe es etwa keine sorgfaltsgemäße medizinische Leistung nach den Erfordernissen des Einzelfalls und auch keine mit neuen Untersuchungs-/Behandlungs- oder Außenseitermethoden (inwieweit neue Untersuchungs- und Behandlungsmethoden im Rahmen der GKV als vertragsärztliche Leistungen anwendbar und abrechenbar sind, ist eine hiervon zu trennende Frage).

Was gilt jetzt?
Ärztliche Behandlung ist weiterhin keine mathematische Zuordnungsleistung!

Die Gesetzesbegründung allerdings ist hier stellenweise begrifflich ungenau und legt nahe, dass Behandlung nach allgemein anerkanntem Standard Behandlung entsprechend schriftlich fixierter Regelungskodexe ist. Würde man aber die sorgfaltsgemäße Behandlung mit der Fachstandard-Leistung und diese mit leitlinienkonformer Behandlung gleich setzen, dann gäbe es eine Abweichung vom Standard nur durch besondere Vereinbarung mit dem Patienten.

Das würde bedeuten:
Erst die besondere Vereinbarung befreit vom in Leitlinien vorgegeben Fachstandard und der Patient entscheidet damit über Therapiefreiheit ja oder nein! Dann hätten die Mediziner ihrer Therapiefreiheit mit ihren Regelungskodexen selbst das Grab geschaufelt.

Ist das die Zukunft?
Die medizinrechtliche Literatur ist hinsichtlich der Reichweite zwingend zu treffender „Standard"-Vereinbarung mit dem Patienten uneins. Wäre dieser Leitfaden also ärztliche Risikoaufklärung, so müsste an dieser Stelle darauf hingewiesen werden, dass das Risiko, dass leitlinienabweichende Behandlung in Zukunft mit dem Patienten (möglichst individuell und nicht formular-)vertraglich vereinbart werden muss, besteht, wenngleich es in dieser umfassenden Reichweite äußerst gering ist. Eine Reihe von Gründen bis hinauf zum Verfassungsrecht steht dem entgegen.

Vor allem ergibt sich aus der Gesetzesbegründung bei näherem Hinsehen dann doch, dass der Gesetzgeber Abweichungen von Fachstandard festlegenden Regelungskodexen nicht zwingend als vertragspflichtwidrig sieht.

Was bedeutet das also?
Dem Interesse des Gesetzgebers, die Ärzteschaft stärker auf allgemein anerkannte Regelungskodexe zu verpflichten, kann durchaus genügt werden, ohne den dynamischen Sorgfaltsbegriff inklusive Therapiefreiheit zu gefährden. Soweit die Mediziner sich in Leitlinien auf medizinische Standards verständigen, wollen sie sich ja nun keinesfalls selbst der Therapiefreiheit berauben, sondern hiermit den Kollegen eben „(an-)leitende Entscheidungshilfen" für deren Arbeit geben. Geschriebene medizinische Standards lassen Therapiefreiheit und Abwägungsleistung ausdrücklich Raum oder denken sie als selbstverständliche Merkmale ärztlicher Berufsausübung auch unausgesprochen immer mit (vgl. etwa „Beurteilungskriterien für Leitlinien in der medizinischen Versorgung" der Zentralstelle der deutschen Ärzteschaft zur Qualitätssicherung in der Medizin: „Leitlinien sind Orientierungshilfen im Sinne von Handlungs- oder Entscheidungskorridoren, von denen in begründeten Fällen abgewichen werden kann oder sogar muss") .

Sorgfältige Behandlung ist und bleibt sorgfaltsgemäße Abwägung im Einzelfall. Nur ist zu erwarten, dass die Abwägungsentscheidungen vor und im Laufe der Behandlung in Zukunft noch stärker, deutlicher gesagt, zwingend und nachprüfbar an Leitlinien und sonstigen anerkannt festgeschriebenen Handlungs- und Entscheidungskorridoren ausgerichtet werden müssen!

Dem bekannten Satz der Rechtsprechung (BGH NJW 1987, 2291, 2292) bei der Prüfung eines Behandlungsfehlers wäre so ein Zusatz einzufügen und in Zukunft zu fragen, ob der Arzt „*unter Einsatz der von ihm zu fordernden medizinischen Kenntnisse und Erfahrungen im konkreten Fall* **unter primärer Beachtung des allgemein anerkannten medizinischen Standards** *vertretbare Entscheidungen über die diagnostischen sowie therapeutischen Maßnahmen getroffen und diese Maßnahmen sorgfältig durchgeführt hat.*"

Anerkannte Regelungskodexe haben damit deutlich mehr als Empfehlungscharakter. Sie sind, juristisch betrachtet, unumgänglicher Ausgangspunkt jeder Abwägung.
Abweichungen werden damit im Streitfall begründungsaufwendiger.
In Fällen, die deutlich oder vollständig von leitlinienkonformer Behandlung abweichende Merkmale entwickeln, also insbesondere bei der Anwendung neuer Behandlungs- oder Außenseitermethoden ist (bis zur Herausbildung gefestigter Rechtsprechung zur Problematik) der sicherste Weg die Einigung mit dem Patienten!

Da hier ohnehin gesteigerte Anforderungen an die Aufklärung gestellt werden, sieht das in der Praxis rein faktisch nicht so ungewohnt anders aus als bislang.

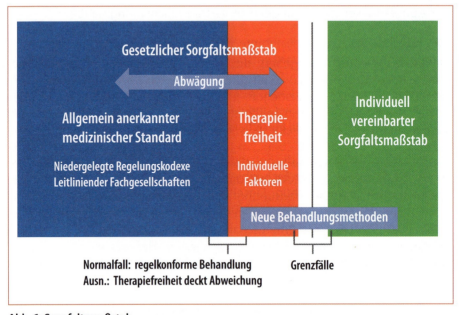

Abb. 6: Sorgfaltsmaßstab

Wie bezieht man den Patienten also in diesen Grenzfällen ein?

1.4.2 Vertraglich vereinbarter Sorgfaltsmaßstab

Erforderlich ist eine Aufklärung nicht nur über die Maßnahme, sondern explizit auch über ihre Abweichung vom Fachstandard und die schriftliche Fixierung des Einverständnisses (hier in der Doppelfunktion als Einwilligung in die Maßnahme und als – vertragliche – Einigung über die nicht standardgemäße Behandlung).

Soweit neue Methoden in Rede stehen oder Sachzwänge des Einzelfalls eine nicht unwesentliche Abweichung von Leitlinien gebieten und entsprechend eine gesonderte Vereinbarung getroffen ist, gibt das Gesetz selbst keinen besonderen Anhalt für die dann sorgfältige „nicht standardgemäße" Behandlung. Hier kann nach der Begründung des Gesetzesentwurfs auf die Sorgfalt eines vorsichtig Handelnden zurückgegriffen werden (BGH VersR 2007, 995). Gleiches gilt, soweit sich (noch) keine Fachstandards für die konkrete Untersuchung/Therapie herausgebildet haben.

Es war im Übrigen schon immer möglich, den Sorgfaltsmaßstab individuell zu vereinbaren, allerdings spielte dies in der Praxis eine untergeordnete Rolle. Die Bedeutung dieser Option wird in Zukunft nun zunehmen, nachdem der Standardbegriff eine Grauzone produziert, innerhalb derer von der Spruchpraxis erst die Grenze zwischen innerhalb der Therapiefreiheit liegender (und daher aus sich heraus gerechtfertigter Standardabweichung) und außerhalb liegender Standardabweichung mit Einigungsnotwendigkeit bestimmt werden muss.

Die Einwilligung in eine bestimmte Behandlungsmaßnahme, die noch nicht oder nicht mehr dem Standard entspricht, die der Patient aber aus persönlichen Gründen für sich bevorzugt, kann diesseits der Sittenwidrigkeitsgrenze auch nicht beanstandet werden. Vorsicht ist aber bei standardisierten vorformulierten Vereinbarungen geboten! Hier findet eine strengere rechtliche Inhaltskontrolle statt als bei einer individuell ausgehandelten Vereinbarung im konkreten Fall.

Für eine Vereinbarung, die die Behandlungsaufgabe des Arztes über den medizinischen Standard seines Fachgebiets hinaus erweitert, ist der Patient darlegungs- und beweispflichtig. Einseitige Erwartungen des Patienten an die Behandlung können keine Veränderung der geschuldeten Leistung bewirken (Bsp. „Übermaßdiagnostik").

Sorgfaltsmaßstab in den Gesundheitsfachberufen

Für die Gesundheitsfachberufe, wie z. B. Heilpraktiker, Hebammen und Entbindungspfleger, Masseure, Ergotherapeuten, Logopäden und Physiotherapeuten, gelten die Maßstäbe ihres Fachs. Das Gesetz fordert damit die typischerweise von der jeweiligen Berufsgruppe zu erwartende fachgerechte medizinische Behandlung. Dies bedeutet die Verpflichtung zur Auswahl einer Methode, die den Vorstellungen des Patienten entspricht, risikolos und wenig belastend ist

(BGH VersR 1991, 469 ff.). Insoweit trifft auch den Angehörigen der genannten Gesundheitsfachberufe die Pflicht, sich vorab umfassend über die von ihm angewendeten Behandlungsmethoden zu informieren, die entsprechende Sachkunde zu erwerben und sich die erforderlichen Fertigkeiten anwendungssicher anzueignen. Bei invasiven Behandlungsmethoden sind an das Vorgehen dieselben Sorgfaltspflichten wie an einen Arzt für Allgemeinmedizin zu stellen und ist in Anknüpfung an die Rechtsprechung die Sorgfalt eines vorsichtig Handelnden einzuhalten (für Heilpraktiker schon BGH VersR 2007, 995).

Behandlungsfehlerspektrum

Eine nicht durch besondere Umstände gerechtfertigte oder anderweitige Vereinbarung gedeckte Abweichung vom anerkannten fachlichen Standard ist ein Behandlungsfehler.

Auf das nähere Spektrum der Verstöße gegen das Gebot sorgfaltsgemäßer Behandlung geht das Gesetz nicht ein. Es sind dies die üblichen Behandlungsfehlergruppen, die sich grob in Diagnose-, Therapie- und Organisationsfehler aufteilen.

> *Diagnosefehler*

Ein Diagnosefehler liegt vor, wenn Krankheitserscheinungen in der Schulmedizin entgegenstehender und unvertretbarer Weise gedeutet werden sowie auch dann, wenn die Fehlinterpretation der Befunde auf entweder ungenügende Befunderhebung oder mangelnde Überprüfung der Diagnose (Kontrollbefunde) zurückzuführen ist.
Der Arzt haftet in der Folge auch für die der Krankheit nicht gerecht werdende Therapie und deren Folgen.

> *Therapiefehler*

Bezugspunkte der Therapiefehler sind die Auswahl der Behandlungsmethode, alle Entscheidungen im Zusammenhang mit deren konkreter Durchführung sowie die Aufklärungspflichten des Arztes bezüglich den Therapieerfolg sicherstellende, diesen fördernde bzw. gefährdende Umstände und Verhaltensweisen des Patienten. Letztere sind als sog. Sicherungsaufklärung nun eigenständig in § 630c Abs. 2 BGB geregelt. Der nicht medizinrechtlich Vorgebildete wird aufgrund der verwirrenden Ähnlichkeit zur Regelung über die Aufklärungspflicht in § 630e BGB nicht erkennen können, dass die Verletzung dieser (Informations-)Pflicht rechtsdogmatisch Behandlungsfehler, nicht Aufklärungsfehler ist. Dies ist u. a. entscheidend für beweisrechtliche Konsequenzen.

> *Organisationsfehler*

Im Wortlaut der Norm nicht auftauchend, hebt zumindest die Gesetzesbegründung ausdrücklich hervor, dass medizinischer Standard auch eine organisatorische Ausprägung hat.

Der medizinische Standard beinhaltet die Pflicht zur allgemein ordnungsgemäßen Organisation. Erforderlich ist eine zuverlässige Planung der Arbeitsabläufe und des Personaleinsatzes. Die für eine Behandlung im Einzelfall verantwortlichen Personen sowie das mit der medizinischen Behandlung im Übrigen betraute Personal sind entsprechend ihrer (fachlichen und körperlichen) Eignung auszuwählen und stetig zu überwachen. Zuständigkeiten, Kompetenzbereiche und Vertretungspläne sind festzulegen und ihre Beachtung sicherzustellen. Schließlich müssen die gebotenen apparativen Anforderungen und Standardmedikamente bereitgestellt sowie Standards der Gerätesicherheit und der Hygiene beachtet werden.

Organisatorische Abläufe und die apparative, personelle und sächliche Ausstattung haben aber auch eine stark wirtschaftlich abhängige Seite:

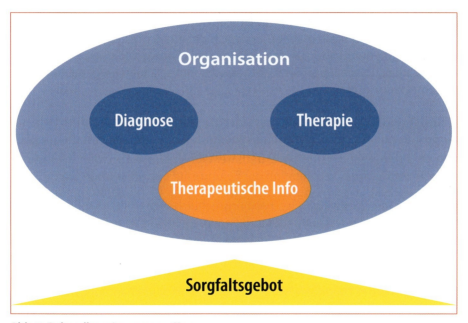

Abb. 7: Behandlung im engeren Sinne

Sorgfaltsmaßstab und sozialrechtliches Wirtschaftlichkeitsgebot

Im Vertragsarztwesen gilt das im SGB V normierte sozialrechtliche Wirtschaftlichkeitsgebot (vgl. §§ 2 Abs. 1 Satz 3 und Abs. 4, 12 Abs. 1, 70 Abs. 1 S. 1 SGB V) für die Leistungen der gesetzlichen Krankenkassen. § 76 Abs. 4 SGB V verpflichtet gleichzeitig ausdrücklich „zur Sorgfalt nach den bürgerlich-rechtlichen Vorschriften". Da die gesetzliche Krankenversicherung „nur" die „ausreichende" Versorgung garantiert, die Sorgfaltspflichten des BGB aber für alle Patienten gelten, eröffnet sich hier das bekannte Spannungsverhältnis zwischen medizinisch Möglichem und solidarisch Bezahlbarem, das sich an dieser Stelle als Vertragsarztstandard versus medizinischer Standard ausprägt.

Das Gesetz schweigt zu diesem brisanten Thema, desgleichen die Gesetzesbegründung.

Die Auswirkung wirtschaftlicher Gesichtspunkte hat in der Rechtsprechung bislang nur eine untergeordnete Rolle gespielt. Die meisten Entscheidungen betreffen hier die Frage, inwieweit Krankenhäuser die optimale bzw. modernste apparative Infrastruktur vorhalten müssen (vgl. etwa BGH VersR 1994, 480). Im Ergebnis gesteht die Rechtsprechung hier zu, dass es aus Kostengründen unmöglich ist, jede Verbesserung der Behandlungsmöglichkeiten durch neue Apparate oder sonstige sächliche Mittel kurzfristig an jeder Klinik umzusetzen. Der Standard definiert sich hier durchaus ausgehend von der Größe der medizinischen Einrichtung und an dem, was der Patient entsprechend an Behandlungsmöglichkeiten erwarten darf. Durch den ständigen Fortschritt in der medizinischen Technik kommt es zwangsläufig zu Qualitätsunterschieden in der Behandlung von Patienten und diese manifestieren sich dann entsprechend und haftungsrechtlich erlaubtermaßen in der unterschiedlichen apparativen Ausstattung einer großen, universitären Spezialklinik oder eines kleinen Krankenhauses der Allgemeinversorgung.

Zu beachten ist, dass es bei allen Aussagen zur erlaubten Abstufung der Behandlungsgüte nur um eine Abstufung innerhalb des Korridors zwischen ausreichenden und optimalen Standard geht (Qualitätskorridor, vgl. Kern, MedR 2004, 300, 301).

Qualitätsunterschiede sind also haftungsrechtlich weiterhin solange unerheblich, wie der gebotene Qualitätsstandard zum einen dem entspricht, was angesichts der Größe/Spezialisierung der Einrichtung (Krankenhaus oder auch Praxis) personell und sächlich erwartet werden kann, zum anderen jedenfalls im konkreten Einzelfall auch mit der vorhandenen Ausstattung zumindest der geforderte ausreichende Standard gewährleistet ist.
Die Grenze liegt dort, wo die qualitativ geringwertigere Behandlungsmöglichkeit den Mindeststandard unterschreitet.

Wo liegt die unverzichtbare Basisschwelle?

Wo die „unverzichtbare Basisschwelle" liegt, ist nicht geklärt und hierzu trägt auch das neue Gesetz nichts bei. Es liefert lediglich durch die Ausgestaltung der Vorschriften zum Standard sowie zur Information und Aufklärung des Patienten den Anhalt, dass die Annahme der Unterschreitung des Standards in Grenzfällen zwingender wird als zuvor, da die auf der „Augenhöhe"-Doktrin des Gesetzgebers liegende und somit stärker als zuvor herausgestellte Möglichkeit der Vereinbarung mit dem Patienten diese Grenzfälle abfangen soll.

Daraus ergibt sich die Empfehlung, jenen Fällen, in denen die Schere zwischen wirtschaftlich oder faktisch Machbarem und grundsätzlich Möglichen merkbar auseinander geht, nicht allein durch besondere Hinweise zu begegnen, sondern hier Absprachen (i. S. v. § 630 Abs. 2, 2. Halbsatz BGB) mit dem Patienten über die konkret vorgehaltenen Behandlungsmöglichkeiten der gewählten Einrichtung zu schließen!

Solange der Weg zu einer Harmonisierung zwischen Sozialversicherungsrecht und Haftungsrecht, zwischen Wirtschaftlichkeit und abstrakt möglichem Standard nicht rechtssicher geklärt ist, muss der Arzt bei jedem Auseinanderklaffen der seiner Ansicht nach medizinisch gebotenen und der von der GKV gezahlten Leistung auf diese Diskrepanz hinweisen und die sorgfaltsgemäße Leistung gegen Zuzahlung anbieten. Lehnt der Patient die Zuzahlung ab, muss der Arzt die unzureichende Maßnahme ablehnen, soweit er mit dem Patienten nicht eine Vereinbarung über diese, möglicherweise vom gesetzlich geforderten Standard abweichende, Behandlung abschließt. Andernfalls trifft den Arzt eine Haftung aus Übernahmeverschulden.
In Grenzfällen kann nur zu einer relativ weiten Wahrnehmung der Vereinbarungsoption (Aufklärung/Dokumentation/Vereinbarung in einem Schritt) geraten werden!

Das behutsam unter Herausstellung der konkreten Situation zu tun, ohne den Patienten zu verunsichern, ist durchaus anspruchsvoll.

Patientenrechtegesetz

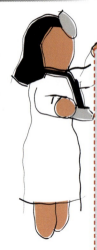

1.5 Auf einen Blick: Zusammenfassung/Merkposten/To Dos

Behandlungsvertrag

- ⓘ Die Vorschriften der §§ 630a ff. BGB gelten für GKV-Patienten und Privatpatienten!

- ⓘ Gegenstand des Behandlungsvertrags: medizinische Leistung gegen Vergütung!

- ⓘ Abwicklung der Vergütungspflicht des GKV-Patienten über die Kassenärztliche Vereinigung – keine unmittelbare Vergütungspflicht des GKV-Patienten!

- ⓘ Vertragspartner des Patienten: Der die medizinische Leistung Versprechende!

- ⓘ Vertragspartner und „Behandelnder" im Sinne des Gesetzes ist NUR der Versprechende, auch wenn er die Leistung selbst nicht vornimmt, sondern sie nur veranlasst!

- ⚡ Der die medizinische Leistung Versprechende („Behandelnder" im Sinne des Gesetzes) und der die Leistung Vornehmende (aktiver „Behandelnder") können personenidentisch sein, müssen es aber nicht!

- ⓘ Der die Leistung aktiv vornehmende Behandelnde ist nur dann Vertragspartner des Patienten, wenn er auch dem Patienten gegenüber zur Leistung verpflichtet ist (der angestellte Krankenhausarzt ohne eigenes Liquidationsrecht schuldet die Leistung aufgrund seines Arbeitsverhältnisses dem Arbeitgeber, nicht dem Patienten)!

- ⓘ Der angestellte Krankenhausarzt haftet nicht nach vertraglichen Vorschriften, nur deliktisch (im Ergebnis aber gleichlaufende Haftung, nur abweichender Haftungsgrund)!

- ⓘ Bei Minderjährigen kommt der Vertrag mit den Eltern zustande!

- ⓘ Bei nicht geschäftsfähigen erwachsenen Patienten kommt der Vertrag mit dem gesetzlichen Vertreter (Vorsorgebevollmächtigter, Betreuer) zustande!

- ⓘ Die Geschäftsfähigkeit als Voraussetzung für einen wirksamen Vertragsabschluss sagt noch nichts über die Einwilligungsfähigkeit!

ⓘ Gegenstand eines Behandlungsvertrages können über die Heilbehandlung hinaus alle medizinischen Behandlungen im weiteren Sinne sein (auch Maßnahmen zur Empfängnisverhütung, Reproduktionsmedizin, Geschlechtsanpassung, ästhetische Chirurgie, nicht: Kosmetik)!

Sorgfaltsmaßstab

ⓘ Den Sorgfaltsmaßstab bestimmt maßgeblich nicht der Jurist, sondern die Medizin!

ⓘ Der Jurist wendet nur den in der Medizin anerkannten fachlichen Standard als dasjenige an, was der Patient von einem Arzt erwarten kann!

ⓘ Dem Patienten ist eine Behandlung nach den im Zeitpunkt der Behandlung bestehenden allgemein anerkannten fachlichen Standards geschuldet!

ⓘ Sorgfaltsgemäße Behandlung ist weiterhin sorgfaltsgemäße Abwägung im Einzelfall, aber:

⚡ Neu-Ausformung der Therapiefreiheit durch das Patientenrechtegesetz: Jeder Abwägungsprozess ist zwingend + nachvollziehbar an allgemein anerkannten, schriftlich niedergelegten Regelungskodexen zur Art und Weise der Behandlung (v.a. Leitlinien) auszurichten!

⚡ Ablauf Abwägung:
- Kenntnis(verschaffung) und Prüfung bestehender Leitlinien der Fachgesellschaften und anerkannter Regelungskodexe für die Diagnose/Behandlung
- Prüfung, ob das Vorgehen der Leitlinie entspricht
- Fortlaufende (Über-)Prüfung, ob im konkreten Fall Abweichungen vertretbar oder zur sachgerechten Behandlung sogar mindestens angezeigt bzw. zwingend sind

ⓘ Kontrollfrage zur Feststellung eines Behandlungsfehlers:
Hat der Arzt unter Einsatz der von ihm zu fordernden medizinischen Kenntnisse und Erfahrungen im konkreten Fall unter primärer Beachtung des allgemein anerkannten Standards vertretbare Entscheidungen über die diagnostischen sowie therapeutischen Maßnahmen getroffen und diese Maßnahmen sorgfältig durchgeführt?

Patientenrechtegesetz

ⓘ Abweichungen vom allgemein anerkannten medizinischen Standard außerhalb der Therapiefreiheit müssen mit dem Patienten vereinbart werden (Einigungszwang!)!

⚡ Abgrenzung zwischen noch der Therapiefreiheit unterfallender eigener und einseitiger Entscheidung über von Leitlinien abweichendes Vorgehen einerseits und vom gesetzlichen Standard abweichendem Vorgehen mit Einigungszwang mit dem Patienten andererseits noch unklar!

Rechtssicherheit erst nach Herausbildung verlässlicher Grenzziehung durch zukünftige Rechtsprechung!

⚡ Neue Behandlungsmethoden/Außenseitermethoden/Sonstige nicht unerhebliche Abweichung von leitlinienkonformer Behandlung:
 – Dokumentation von Abwägungsprozess und Abwägungsergebnis
 – Vorsichtshalber Aufklärung des Patienten über die Tatsache der Abweichung und individuelle Vereinbarung darüber!

› **Eine vorformulierte Klausel (etwa in Aufklärungsbögen), dass sich der Patient mit der Abweichung von leitlinienkonformer Behandlung einverstanden erklärt, sofern diese nach gewissenhafter und sorgfältiger Prüfung durch den behandelnden Arzt unter Berücksichtigung seiner Therapiefreiheit das im konkreten Fall unter Abwägung aller Umstände sachgerechte Vorgehen ist, könnte als „standardunterschreitende" Formularvereinbarung von Gerichten als nichtig angesehen werden.**
Besser: Zusätzliche, fallbezogene Kurzbeschreibung

Behandlungsfehler

ⓘ Diagnosefehler:
Deutung von Krankheitserscheinungen in der Schulmedizin entgegenstehender und unvertretbarer Weise

ⓘ Therapiefehler:
Fehlerhafte Auswahl der Behandlungsmethode/fehlerhafte Entscheidungen im Zusammenhang mit der Durchführung/Anwendung der Behandlung oder der Aufklärung des Patienten über den Therapieerfolg sicherstellende, diesen fördernde bzw. gefährdende Umstände und Verhaltensweisen des Patienten.

- ⓘ Organisationsfehler:
  Nicht sachgerechte Koordinierung und Planung der Arbeitsabläufe und des Personaleinsatzes

- 💥 Problem medizinischer Standard versus Vertragsarztstandard (Wirtschaftlichkeitsgebot) weiterhin ungelöst!

- ⓘ Ab wann der wirtschaftlich von der GKV als ausreichende Versorgung bezeichnete Standard nicht mehr der haftungsrechtlich einzuhaltende Standard ist, ist nicht rechtssicher zu bestimmen! Aufklärung des Patienten über (standard-relevante) Qualitätsunterschiede!

- ⓘ Großzügige Nutzung der Vereinbarungsoption in Grenzfällen und bei nicht vom GKV-Katalog umfassten Maßnahmen (Kosteninformationspflicht beachten!)

2 Geltung von Regelungen des allgemeinen Dienstvertragsrechts – § 630b BGB

> **§ 630b BGB**
>
> Auf das Behandlungsverhältnis sind die Vorschriften über das Dienstverhältnis, das kein Arbeitsverhältnis im Sinne des § 622 ist, anzuwenden, soweit nicht in diesem Untertitel etwas anderes bestimmt ist.

2.1 Der Behandlungsvertrag als Dienstvertrag

Schon vor seiner gesetzlichen Festschreibung wurde der Behandlungsvertrag vom BGH (etwa NJW 2011, 1674) als Dienstvertrag höherer Art, §§ 611 ff., 627 BGB eingeordnet. Er ist nun ein im Dienstvertragsrecht angesiedelter Spezialvertrag, für den Dienstvertragsrecht gilt, soweit sich in den neuen Spezialregeln keine abweichenden Bestimmungen finden.

Gegenstand eines als Dienstvertrag eingeordneten Vertrages können entgeltliche Dienste jeder Art sein (§ 611 Abs. 2 BGB). Beim Dienstvertrag werden die Dienste als solche (Tätigkeit) geschuldet. Anders ist dies beim Werkvertrag, der einen bestimmten Erfolg (das Werk) zum Inhalt hat.

Der Behandlungsvertrag ist Dienstvertrag, weil der Arzt aufgrund der Unberechenbarkeit des menschlichen Körpers den durch die Behandlung erhofften Heilungsverlauf oder das sonstige medizinische Ziel nicht garantieren und daher für den Behandlungserfolg nicht einstehen kann. Es gibt keine "Gesundheitsgarantie".

Das machte im Einzelfall eine Abgrenzung zum Werkvertrag nicht überflüssig, denn eine medizinische Behandlung kann einzelne erfolgsbezogene Elemente besitzen, die von der "Unberechenbarkeit" des menschlichen Körpers nicht beeinflusst sind.

Abgrenzung Dienst/Werkvertrag

Das Zusammenspiel dienstvertraglicher und werkvertraglicher Elemente bei einigen medizinischen Leistungen, wie etwa beim Zahnersatz, führte dazu, dass teilweise trotz dienstvertraglicher Prägung eines Behandlungsverhältnisses Leistungsteile "herausgelöst" und werkvertraglichen Regeln unterworfen wurden. Oder es wurde kurzerhand Dienstvertragsrecht so modifiziert, dass man irgendwie den werkvertragstypischen Nachbesserungsversuch auf erfolgsbezogene Einzelleistungen anwenden konnte.

Die neue gesetzliche Regelung lässt für die isolierte Betrachtung erfolgsbezogener Pflichten (sog. „Herauslösbarkeit") nun keinen Raum mehr, denn soweit nicht im neuen Unterabschnitt anderweitige Regelungen bestehen, und diese fehlen etwa für einen Zahnarzt- oder Prothetikvertrag, gilt für den Behandlungsvertrag Dienstvertragsrecht.

Die Anwendung werkvertraglicher Regelungen bleibt nun nur noch möglich, soweit über diese Elemente der Leistung ein gesonderter Vertrag zustande kommt. Das ist vom Einzelfall abhängig.

Werkvertrag bei ausdrücklich erfolgsbezogener Vereinbarung

Werkvertragsrecht ist ausnahmsweise dann anzuwenden, wenn die Erfolgsbezogenheit einer konkreten Maßnahme Gegenstand einer besonderen Abrede zwischen Arzt und Patient ist. Zu denken ist etwa an das Versprechen kostenloser Nachoperation bei Fehlschlag eines kosmetischen Eingriffs. Allgemeine Aussagen wie „Sie bekommen eine wunderschöne gerade Nase" sind dagegen kein Erfolgsversprechen (vgl. OLG Köln VersR 1988, 1049), allerdings sind solche Aussagen im Hinblick auf die Aufklärungspflicht problematisch, soweit sie zu zurechenbar falschen Erwartungen des Patienten führen! Hier ist zu raten, dem Patienten deutlich zu machen, dass weder für Symmetrie noch Zufriedenheit mit dem Ergebnis garantiert werden kann.

Nach werkvertraglichen Vorschriften richten sich aber rein labor-diagnostische Leistungen, wenn diese isoliert, also auf konsiliarärztlicher Grundlage, von einem Laborarzt geschuldet sind. Dieses Vertragsverhältnis ist kein Behandlungsvertrag.

2.2 Regelungen aus dem allgemeinen Dienstvertragsrecht

Für den Behandlungsvertrag gilt vorrangig der Normenkatalog der §§ 630a bis h BGB als Spezialrecht und nur nachrangig das allgemeine Dienstvertragsrecht. Damit finden ergänzend die §§ 611 ff. BGB mit Ausnahme der arbeitsrechtlichen Regelungen Anwendung.

Relevant sind hier insbesondere folgende Vorschriften:

› **§ 612 Abs. 2 BGB (Vergütungshöhe)**
Über § 612 Abs. 2 BGB, wonach in Ermangelung der ausdrücklichen Vereinbarung über eine Vergütung, die taxmäßige Vergütung geschuldet ist, gelten für Ärzte und Zahnärzte die Honorare der bindenden Gebührenordnungen, also GOÄ, GOZ,

EBM und BEMA. Abweichende individuelle Vereinbarungen sind zulässig. Das BGB stellt für solche keine weiteren Vorgaben auf. Allerdings unterliegen diese besonderen Honorar-Vereinbarungen durch andere Rechtsvorschriften, – insbesondere im Sozial- und Vertragsarztrecht – den bekannten besonderen Wirksamkeitserfordernissen, die durch die neuen Regelungen nicht angetastet werden.

› § 613 BGB (Höchstpersönlichkeit)

§ 613 BGB bestimmt, dass der Dienstverpflichtete grundsätzlich höchstpersönlich zu leisten hat, die geschuldeten Dienste also nicht nach eigenem Ermessen einem anderen übertragen kann. Allerdings impliziert die vorrangige Regelung in § 630a BGB bereits, dass beim Behandlungsvertrag der vertraglich zur Dienstleistung Verpflichtete nicht derjenige sein muss (und im Fall des Vertragsabschlusses mit einer juristischen Person etwa einem Krankenhausträger auch nicht sein kann), der die Behandlung durchführt. Die vertragliche Verpflichtung zur höchstpersönlichen Leistung hat also zwei Ausprägungen: Sie verpflichtet den aktiv Behandelnden unmittelbar und sie bedeutet für den nicht aktiv Behandelnden, lediglich zur Veranlassung der medizinischen Leistung Verpflichteten, dass er die höchstpersönliche Leistung des durch ihn Veranlassten sicherstellen muss.

Delegation?

Es bleibt aber dabei, dass die Höchstpersönlichkeit der Leistung des aktiv Behandelnden lediglich im Rahmen zulässiger Substitution (vollständige Übertragung der Aufgabe an einen Dritten = Ausführung- und Verantwortungsübertragung) und Delegation (Übertragung von einzelnen Tätigkeiten an Dritte ohne Abgabe der Verantwortung) gewahrt sein muss.

Die Gesetzesbegründung bezieht sich etwa auf § 15 Abs. 1 Satz 2 SGB V zur Regelung erlaubter Delegation unter der Voraussetzung von Anordnung und Verantwortungsübernahme durch den Arzt bei Hilfeleistungen durch Nicht-(Zahn-)Ärzte. Regelungen zu Substitution und Delegation finden sich auch in § 87 Abs. 2b SGB V (ärztlich angeordnete Hilfeleistungen durch nichtärztlich Praxisassistenten bei der Versorgung häuslicher Patienten) oder § 63 SGB V (Modellvorhaben „Häusliche Krankenpflege durch nicht ärztliches Personal").

Der nach § 28 Abs. 1 Satz 3 SGB V von den Vertragspartnern der Bundesmantelverträge zu erstellende Katalog beispielhaft delegierbarer Leistungen wird Anhalt bieten, liegt indes noch nicht vor.

Der Höchstpersönlichkeitsverpflichtung nach § 613 BGB geht auch die Spezialregel in § 630e Abs. 2 Nr. 1 BGB vor, wonach die Aufklärung auf eine Person übertragen werden kann, die über die zur sachgerechten Aufklärung notwendige Befähigung verfügt.

Sollen Leistungen umfänglicher als durch bestehende Vorschriften gedeckt übertragen werden, ist, vergleichbar mit der Standardunterschreitung nach § 630a Abs. 2, 2. Halbsatz BGB eine echte Einigung mit dem Patienten notwendig.

Chefarztbehandlung

Probleme wegen der Höchstpersönlichkeit ergeben sich häufig bei Wahlleistungsverträgen, die die Behandlung durch einen bestimmten Arzt, i. d. R. den Chefarzt, vorsehen. Soweit diese Verträge individuell ausgehandelt und nicht für eine Vielzahl von Fällen vorformuliert werden, kann man von einer Individualvereinbarung, wie sie auch der BGH vornehmlich bewertet hat (etwa BGH JZ 2008, 685), ausgehen; dann unterfällt die Abrede nicht der strengen Überprüfung anhand der Regeln zu allgemeinen Geschäftsbedingungen, sondern kann als im Wege der Vertragsfreiheit zulässig bewertet werden.

Haftung für fremdes Handeln

Was die Haftung betrifft, entbindet eine unwirksame Substitution nicht von der eigenen Haftung; für die Ausführung bei erlaubter Delegation im Rahmen eines Behandlungsvertrages wird ohnehin weiter im Wege der Zurechnung des fremden Verhaltens gehaftet (§ 278 BGB). Hier gilt, dass die Haftung für den Dritten so weit reicht wie dieser innerhalb des Pflichtenkreises des Verpflichteten eingesetzt war (Bsp.: bei gespaltenen Verträgen also Prüfung, ob Pflichtenkreis des Krankenhausträgers oder des Arztes betroffen).

Beim Einsatz eines Berufsanfängers, vornehmlich einem noch in der Ausbildung zum Facharzt befindlichen, Arzt gelten für die sog. ärztlichen „Anfänger-Fehler" im Übrigen besondere Beweisverschiebungen (dazu unten bei § 630h BGB).

› **§ 614 BGB (Fälligkeit der Vergütung)**
Für die Fälligkeit der Vergütungsforderung gilt, dass die Vergütung einer (zahn-)ärztlichen Leistung abweichend von § 614 BGB nicht schon nach der Leistung der Behandlung, sondern gemäß § 12 Abs. 1 der Gebührenordnung der Ärzte (GOÄ) bzw. gemäß § 10 der Gebührenordnung der Zahnärzte (GOZ) erst dann fällig wird, wenn dem Zahlungspflichtigen eine die Anforderung der Verordnung entsprechende Rechnung erteilt wird.

Vergütung trotz Behandlungsfehler?

Das Gesetz schweigt übrigens zu der wichtigen Frage des Honorarverlusts beim Behandlungsfehler. Es ist daher von einer Fortführung der bisherigen Rechtsprechung auszugehen, wonach das Honorar auch dann geschuldet wird, wenn dem Arzt ein Behandlungsfehler unterläuft. Nur bei besonders groben, in der Regel vorsätzlichen und strafbaren, Pflichtverletzungen kommt der Verlust des Honoraranspruchs in Betracht, weil in solchen Fällen die Geltendmachung des Honorars als unzulässige Rechtsausübung anzusehen ist (§ 242 BGB). (OLG Nürnberg NJW-RR 2004, 1543). Ob für den Honoraranspruch bei Aufklärungspflichtverletzung, die über die Figur der hypothetischen Einwilligung (s.u.) nicht „gerettet" werden kann, immer gelten muss, dass der Vertrag, der ja ohne die irrige Vorstellung des Patienten nicht zustande gekommen wäre, als Schaden zu begreifen ist, wird derzeit uneinheitlich beurteilt (OLG Nürnberg NJW-RR 2004, 1543: immer Verlust des Honoraranspruchs; anders OLG München VersR 1996, 233: gleichlaufendes Schicksal des Honoraranspruchs bei Behandlungs- und Aufklärungsfehlern). Das Gesetz hilft hier nicht weiter.

Da die Haftung letztlich nicht durch die bloße Nichtbeachtung der Selbstbestimmung des Patienten entsteht, sondern nur wegen des erlittenen Gesundheitsschadens (Fehlschlag/misslungene ärztliche Maßnahme/Risikoverwirklichung), ist hier ein Gleichlauf der Prüfung bei Behandlungs- und Aufklärungsfehlern hinsichtlich der Frage des Honorarverlusts vorzuziehen. Ein genereller Honorarverlust bei Aufklärungsfehlern ist nach derzeitigem Stand, den das Patientenrechtegesetz fest schreibt, nicht haltbar.

Steht dem Patienten also Schadensersatz wegen eines Behandlungs- oder Aufklärungsfehlers zu, kann bei noch ausstehender Vergütung in Höhe der Honorarforderung aufgerechnet werden.

> § 620 BGB (Beendigung des Dienstverhältnisses)

Über die Vorschrift des § 630b BGB finden schließlich auch die dienstvertraglichen Kündigungsregelungen der §§ 626 ff. BGB Anwendung. Wichtig sind hier regelmäßig nur die Konsequenzen bei kurzfristigem Behandlungsabbruch bzw. Terminabsagen:

> §§ 626, 627 BGB (Außerordentliche Kündigung bei Vertrauensstellung)

Den Vertrag kann der Patient jederzeit ohne Angabe von Gründen nach § 627 BGB kündigen. Diese weite Kündigungsmöglichkeit trägt der von Vertrauen geprägten Beziehung Rechnung.

Verzugsschaden bei Terminabsage

In diesem Zusammenhang war die Anwendung von §§ 615, 293 BGB zur Geltendmachung von Verzugsschaden bei kurzfristiger Terminabsage oder Nichterscheinen zum Termin streitig. Teilweise wurde § 615 BGB nicht angewendet. Die Regelungen zum Behandlungsvertrag verweisen aber auf die Vorschrift und treffen für die Nichtwahrnehmung von vereinbarten Terminen keine besondere Regelung. Wie bei jedem anderen Dienstvertrag wäre danach also Verzugsschaden geschuldet, so ein solcher dem Arzt entstanden ist.

Allerdings ändert das am Ende in der Sache wenig, da die Geltendmachung von Verzugsschaden bei Nichtwahrnehmung eines Termins weiter äußerst schwierig bleibt: Wird der Vertrag nicht gekündigt, aber ein Arzttermin schuldhaft nicht eingehalten, so können nur in engen Grenzen Ansprüche des Arztes aus Annahmeverzug bestehen, wenn der Praxisablauf so organisiert ist, dass Terminvereinbarungen nicht lediglich einem zeitorganisatorisch übersichtlichen Behandlungsablauf dienen sollen, sondern im Wege der Organisation als Bestellpraxis zeitintensive Behandlungstermine von mehreren Stunden Dauer besonders reserviert werden, also keine weiteren Patienten bestellt oder behandelt werden. Wird der Patient hierauf hingewiesen und hält er in Kenntnis dieser Umstände den Termin schuldhaft nicht ein, kann er schadensersatzpflichtig sein (etwa LG Hannover NJW 2000, 1799). Allerdings muss dann entgangener Gewinn tatsächlich nachgewiesen werden, was im Einzelnen sehr schwierig ist. Eine Schadensersatzpflicht scheidet immer aus, wenn der Termin einvernehmlich verlegt wurde, dies gilt nach dem OLG Stuttgart (VersR 2007, 951) sogar dann, wenn die Terminverlegung erst anlässlich der knapp vor dem Termin erfolgten Absage erfolgt.

Pauschale Erstattungspflicht

Insoweit ist allein die Vereinbarung einer pauschalen Erstattungspflicht bei zu kurzfristiger Terminabsage erfolgversprechend. Diese allerdings ist nur über eine individuelle Vereinbarung mit dem Patienten einigermaßen rechtssichere Option; der Pauschalbetrag darf nicht überhöht ausfallen. Für eine Vielzahl von Fällen vorformulierte Abreden werden einer besonderen Inhaltskontrolle unterzogen und oft nicht als wirksam anerkannt. Hier sollte ein Jurist nach Kenntnis der Eigenarten des Praxisablaufs eine darauf zugeschnittene Vereinbarung entwerfen.

Beendigung der Behandlungsbeziehung durch den Arzt

Der Arzt kann das Vertragsverhältnis unter Beachtung des Verbots der Kündigung zur Unzeit ebenfalls fristlos kündigen (§ 627 Abs. 2 BGB vgl. Berliner Kammergericht MedR 2010, 35). „Unzeit" bedeutet hier, dass dem Patienten keine nennenswerten gesundheitlichen Nachteile dadurch entstehen dürfen, dass er sich um die Weiterbehandlung durch einen anderen Arzt kümmern muss. Ein geringfügiges vertragswidriges Verhalten lässt die Pflicht, die bis zur Kündigung erbrachte Dienstleistung zu vergüten, unberührt.

2.3 Auf einen Blick: Zusammenfassung/Merkposten/To Dos

Behandlungsvertrag als Dienstvertrag

- ⓘ Der Behandlungsvertrag ist Dienstvertrag!

- ⓘ Es gibt keine „Gesundheitsgarantie"!

- ⓘ Erfolgsbezogene (Werk-)Verträge sehr selten: nur von Unberechenbarkeit des menschlichen Körpers völlig zu trennender Vertragsinhalt, etwa Labordiagnostik/Gutachten!

- ⓘ Vertragsfreiheit erlaubt Verträge mit vereinbartem Erfolgsbezug! Erfolgsbezug bedeutet die Übernahme des Misserfolgsrisikos (Nachbesserungspflicht)

- ⚠ Vorsicht daher bei Aussagen im Zusammenhang mit ästhetischer Chirurgie: Keine Erfolgsversprechen! Keine Symmetrie-Garantie! Keine Zufriedenheitsgarantie! Sonst Übernahme des Misserfolgsrisikos!!

Leistung in Person

- ⓘ Grundsatz: die medizinischen Maßnahmen sind vom Arzt selbst zu erbringen!

- ⓘ Übertragung nicht ärztlicher (Hilfe-)Leistungen im Rahmen zulässiger Delegation entsprechend dazu bestehender Vorschriften (Bundesmanteltarifverträge, Verträge auf Landesebene, Richtlinien, Leistungsverzeichnis wie EBM)

- ⚠ Auch bei erlaubter Delegation bleibt die Verantwortung bei dem vertraglich zur Leistung verpflichteten Delegierenden!

- ⚠ Prüfung des eigenen Haftungsumfangs (besonders als Belegarzt!!): Bestimmung des eigenen Pflichtenkreises und des dort (als sog. Erfüllungsgehilfen) eingesetzten Personals!

Honorar

- ⓘ Fälligkeit des Honorars bei Privatpatienten: Mit Stellung einer den Vorschriften der Abrechnungsvorschriften entsprechenden Rechnung!

- ⓘ Kein Honorarverlust bei Behandlungsfehler ! (Aufrechnung gegen die Schadensersatzforderung des Patienten bleibt also möglich! Ausnahme: bei groben Fehlern, sofern sich die Honorarforderung als unzulässige Rechtsausübung darstellt)

- ⚡ Honorarverlust bei Aufklärungspflichtverletzung?
  - Uneinheitliche Rechtsprechung!
  - Keine Klärung durch das Patientenrechtegesetz!
  - Fallbezogen differierende Entscheidungen zu erwarten!

- ⚡ Terminabsage: Ausfallhonorar als Verzugsschaden?
  - Uneinheitliche Rechtsprechung!
  - Keine Klärung durch das Patientenrechtegesetz!
  - Praxistipp für Bestellpraxen: Vereinbarung mit dem Patienten über pauschales Ausfallhonorar bei kurzfristiger Absage! (Vordrucklösungen juristisch prüfen lassen!)

3 Informationspflichten im Behandlungsverhältnis – § 630c BGB

> **§ 630c BGB**
>
> (1) Behandelnder und Patient sollen zur Durchführung der Behandlung zusammenwirken.
>
> (2) Der Behandelnde ist verpflichtet, dem Patienten in verständlicher Weise zu Beginn der Behandlung und, soweit erforderlich, in deren Verlauf sämtliche für die Behandlung wesentlichen Umstände zu erläutern, insbesondere die Diagnose, die voraussichtliche gesundheitliche Entwicklung, die Therapie und die zu und nach der Therapie zu ergreifenden Maßnahmen. Sind für den Behandelnden Umstände erkennbar, die die Annahme eines Behandlungsfehlers begründen, hat er den Patienten über diese auf Nachfrage oder zur Abwendung gesundheitlicher Gefahren zu informieren. Ist dem Behandelnden oder einem seiner in § 52 Absatz 1 der Strafprozessordnung bezeichneten Angehörigen ein Behandlungsfehler unterlaufen, darf die Information nach Satz 2 zu Beweiszwecken in einem gegen den Behandelnden oder gegen seinen Angehörigen geführten Straf- oder Bußgeldverfahren nur mit Zustimmung des Behandelnden verwendet werden.
>
> (3) Weiß der Behandelnde, dass eine vollständige Übernahme der Behandlungskosten durch einen Dritten nicht gesichert ist oder ergeben sich nach den Umständen hierfür hinreichende Anhaltspunkte, muss er den Patienten vor Beginn der Behandlung über die voraussichtlichen Kosten der Behandlung in Textform informieren. Weitergehende Formanforderungen aus anderen Vorschriften bleiben unberührt.
>
> (4) Der Information des Patienten bedarf es nicht, soweit diese ausnahmsweise aufgrund besonderer Umstände entbehrlich ist, insbesondere wenn die Behandlung unaufschiebbar ist oder der Patient auf die Information ausdrücklich verzichtet hat.

3.1 Das Behandlungsverhältnis als Vertrauensbeziehung

Die Vorschrift versucht in Abs. 1 etwas unglücklich die Vertrauensbeziehung von Arzt und Patient abzubilden. Das Wort „vertrauensvoll" fehlt dabei leider.

Die Bedeutung der Vorschrift erschöpft sich hauptsächlich im Ausdruck der Erwartungshaltung des Gesetzgebers an die Parteien des Behandlungsvertrages zur Durchführung der Behandlung einvernehmlich zusammenzuwirken.

Rechte und Pflichten nebst Sanktionsmöglichkeit lassen sich aus der Soll-Vorschrift nicht direkt ableiten. Angesprochen ist aber die Compliance des Patienten. Auch der Patient soll an der Behandlung in zumutbarem Umfang mitwirken, was insbesondere die umfassende, wahrheitsgemäße und zeitnahe Information des Behandelnden über für die Behandlung relevante Umstände beinhaltet sowie seine „Therapietreue", also die Befolgung ärztlichen Rates, verlangt.

Die Mitwirkungsobliegenheiten des Patienten werden justiziabel, soweit es um Verhalten geht, das ein Fehlschlagen der Behandlung zumindest zurechenbar (mit)verursacht hat, was dazu führt, dass der Arzt jedenfalls nicht mehr (voll) für einen Misserfolg verantwortlich gemacht werden kann, selbst wenn ihm ein grober Behandlungsfehler unterlaufen ist (Mitverschulden des Patienten nach § 254 BGB).

Der Gesetzgeber verzichtet auf nähere Regelungen hierzu, es gelten damit die allgemeinen Regeln zum Mitverschulden wie in anderen Vertragsverhältnissen auch. Die ungenügende Compliance des Patienten muss ihm im Sinne eines „Verschuldens gegen sich selbst" vorwerfbar sein und die Geltendmachung von (vollem) Schadensersatz unter den gegebenen Umständen gegen Treu und Glauben verstoßen. Der Patient muss bei Behandlungsfehlern in zumutbarem Umfang an der Minderung des Schadens mitwirken.

3.2 Behandlungsbezogene Informationspflichten

§ 630c Abs. 2 BGB normiert Informationspflichten des Arztes.

Ist mit diesen Informationspflichten die Aufklärung des Patienten gemeint? „Jein".

Die sog. Selbstbestimmungsaufklärung, die Voraussetzung für die vor der Behandlung wirksam zu erteilende Einwilligung in die ärztlichen Maßnahmen ist, regelt § 630f BGB. In § 630c Abs. 2 BGB geht es um anderes und zwar um die sog. „Sicherungsaufklärung" oder auch „therapeutische Aufklärung", die nunmehr begrifflich eine Informationspflicht ist.

Nach der Gesetzesbegründung sind die „therapeutische Aufklärung" und die in Abs. 2 Satz 1 nun normierte „Informationspflicht" identisch. In Abgrenzung zur „Aufklärung" empfiehlt sich die Verwendung des nun vom Gesetzgeber gewählten Terminus der „Information".

Therapeutische Information

Die therapeutische Information hat die Sicherstellung des Behandlungserfolges durch die vom Arzt nicht aktiv-eingreifend beeinflussbare Mitwirkung des Patienten zum Inhalt und zielt auf die Veranlassung des Patienten zu therapierichtigem Verhalten.

Damit der Patient zum Behandlungserfolg beitragen kann und ihm umgekehrt auch nicht gefährdet, muss er schlichtweg wissen, was zu tun und zu lassen ist. Der Arzt muss ihn also aufklären bzw. der neuen Begrifflichkeit folgend „informieren", wie er sich therapierichtig verhält. Hierzu zählen Hinweise zur Medikamenteneinnahme, zum prä- und postoperativen Verhalten und weiter ärztliche Ratschläge zur Beschleunigung und Sicherstellung des Behandlungserfolges sowie zur Vermeidung selbstgefährdender Handlungen.

Die Vorschrift verwirrt mit einer (allzu) weiten Formulierung und der von der Aufklärungsrechtsprechung her bekannten Terminologie, es sei über „wesentliche Umstände" der „Therapie" und „Diagnose" zu informieren. Sprachlich kommen diese Pflichten im Gesetz nun in doppelter Ausprägung vor, einmal als Informationspflichten, einmal als Aufklärungspflichten. Dies ist keinesfalls bloß stilistisch unschön, sondern vermischt auch Pflichtenprogramme mit durchaus unterschiedlichen juristischen Konsequenzen. Während bei fehlerhafter Selbstbestimmungsaufklärung die Einwilligung des Patienten unwirksam ist, liegt im Fall der Verletzung von zur Sicherstellung des therapierichtigen Verhaltens bestehenden Informationspflichten im Schadensfall ein Behandlungsfehler vor. Behandlungs- und Aufklärungsfehler können verschiedene rechtliche Folgen haben, auch die beweisrechtliche Behandlung differiert stark.

Es ist daher unbedingt nötig, die einzelnen ärztlichen Pflichten sauber den Bereichen Aufklärungs- bzw. Behandlungsfehler zuzuordnen:

Unterscheidung zwischen Aufklärungs- und Informationspflichten

Das chaotische Pflichtenfeuerwerk in den §§ 630c und f BGB trägt zur sachgerechten Differenzierung wenig bei. Nimmt man den Text beim Wort, so verlangt der Gesetzgeber ohnehin Unmögliches, nämlich dass „zu Beginn der Behandlung" schon über alle relevanten Umstände der Behandlung zu informieren ist. Möglich ist selbstverständlich nur, den Patienten frühzeitig überblickartig zu informieren und ihn dann entsprechend dem Verlauf „up to date" zu halten.

Informations- und Aufklärungspflicht unterscheiden sich in ihrer Motivation und Zielrichtung:

> **Therapeutische Informationspflicht**
Soweit der Patient während der Behandlung auf Kenntnisse angewiesen ist, um sich therapierichtig zu verhalten, ist er entsprechend zu informieren. Verletzungen dieser Informationspflicht sind Behandlungsfehler, die zur Haftung führen, falls der Patient in Unkenntnis relevanter Umstände durch eigenes Fehlverhalten Gesundheitsschäden erleidet.

> **Aufklärung über die Behandlung**
Soweit der Patient Aufklärung benötigt, um die Risiken und Erfolgsaussichten einer ärztlichen Maßnahme so einschätzen zu können, dass er sich selbstbestimmt dafür oder dagegen entscheiden kann, ist die Selbstbestimmungsaufklärung betroffen. Verletzungen der Aufklärungspflicht führen zu einem Haftungsrisiko für den Misserfolg der Behandlung (Realisierung von Risiken, Fehlschlag).

Abgrenzungshilfe bietet daher die Orientierung an der Zielrichtung der konkreten Information.

Abb. 8: Abgrenzung Information/Aufklärung über wesentliche Behandlungsumstände

Es ist relativ unverständlich, warum die Zielrichtung der Informationspflicht nicht benannt ist. Wenn klar ist, dass die Sicherung des Behandlungserfolgs der Grund und das therapierichtige Verhalten das Ziel für die Informationspflicht ist, lässt sich daran der konkrete Umfang dieser Pflichten wesentlich verlässlicher bestimmen, als wenn man sich allein an der doppelt verwendeten Terminologie der „für die Behandlung wesentlichen Umstände" orientieren muss.

Was also sind Informationspflichten auslösende „wesentliche Umstände"? Diese lassen sich am einfachsten dadurch bestimmen, dass sich der Arzt in jedem

Stadium der Behandlung fragt, welche Informationen der Patient im konkreten Zeitpunkt braucht, um sich mit Blick auf das Behandlungsziel richtig, i. S. v. dieses fördernd und nicht gefährdend, zu verhalten (dazu BGH VersR 2005, 227, 228).

Diese Informationen sind dem Patienten umfänglich, rechtzeitig und verständlich zu geben.

3.3 Offenbarungspflichten bei Behandlungsfehlern

Die Offenbarung von Behandlungsfehlern ist ein veritables medizinrechtliches Problemgeflecht, das in zivilrechtlicher, berufsrechtlicher, strafrechtlicher, strafprozessualer und versicherungsrechtlicher Hinsicht eine Menge Fragen aufwirft. Das Gesetz löst dies nicht auf, sondern verkompliziert. Im Folgenden kann daher nur ansatzweise verdeutlicht werden, wo die Streitfragen liegen, um daraus zumindest annähernd umsetzbare und verlässliche Handlungswege abzuleiten.

Hauptargument des Gesetzgebers für die Offenbarungspflicht ist, dass die Selbstbezichtigung des Arztes zur Verbesserung des Fehlermanagements beitragen soll. Fehlermeldesysteme gibt es heute bereits verbreitet. Grundvoraussetzung ihres Funktionierens ist wie seinerzeit beim Meckerkasten in der Schule, dass die Eingaben anonym bleiben. Es soll keinesfalls die denunziatorische Motivation der Mitarbeiter im Gesundheitsbetrieb gefördert werden, sondern es sollen zum Wohle der Patienten, aber auch der Leistungserbringer, Fehlerquellen und Missstände erkannt und bewältigt werden. Nicht anonyme Fehlersysteme bilden die tatsächlichen Probleme nur unzureichend ab.

Die neue Vorschrift ordnet nun an, dass über Umstände, die die Annahme eines Behandlungsfehlers begründen, in zwei Fällen zu informieren ist:
> entweder auf Nachfrage des Patienten oder
> zur Abwendung gesundheitlicher Gefahren.

Die Ausgestaltung der Offenbarungspflicht ist allerdings fern dessen, was an Rechtssicherheit für Patient und Arzt wünschenswert wäre. Dies vor allem deshalb, weil der Gesetzgeber sich hinsichtlich des Regelungszwecks selbst nicht ganz schlüssig zu sein scheint, was die nähere Auslegung erschwert. Wo liegen die Schwerpunkte der Motivation für die Regelung: Geht es um Fehlervermeidung, Schadensbegrenzung und Schutz vor sich perpetuierenden Fehlerverläufen oder schlicht um die Erleichterung der Inhaftungnahme des Arztes oder beides und wenn letzteres, dann mit welcher Gewichtung?

Im Einzelnen stellen sich im Zusammenhang mit der Offenbarungspflicht folgende Fragen:

3.3.1 Wer ist offenbarungspflichtig?

Wer ist im Zusammenhang mit den Offenbarungspflichten der „Behandelnde"? Die Verpflichtungen aus dem Behandlungsvertrag treffen den Behandelnden nach § 630a Abs. 1 BGB, also den vertraglich Verpflichteten. Insbesondere bei der Krankenhausbehandlung fallen aber der vertraglich verpflichtete Behandelnde (Krankenhausträger) und der tatsächlich den Patienten behandelnde Arzt auseinander.

Die Gesetzesbegründung stellt auf den unmittelbar Handelnden ab, dieser haftet dem Patienten jedoch bei der Krankenhausbehandlung zumeist nur nach Delikt, d. h. die §§ 630a BGB ff. gelten für ihn mangels Vertragsbeziehung zum Patienten nicht.

Im Klartext:
Soweit der vertraglich Verpflichtete derjenige ist, der die Behandlung nur veranlasst, nicht durchführt, kann sich „seine" Offenbarungspflicht nur so darstellen, dass er sicherzustellen hat, dass seine Erfüllungsgehilfen für ihn dieser Pflicht nachzukommen. In der Regel wird der unmittelbar Behandelnde mit der Frage des Patienten nach Behandlungsfehlern konfrontiert. Sein Verhalten ist dann unmittelbar dem vertraglich Verpflichteten zurechenbar.

In der Praxis ist eine klare Anweisung an im Rahmen von Behandlungsverträgen eingesetzte Ärzte erforderlich, wie diese Offenbarungspflicht zu erfüllen ist.

Offenbarungspflichten bestehen laut Gesetz in zwei Fällen:

3.3.2 Offenbarungstatbestände

Fall (1) - Nachfrage des Patienten

> **Eigene Behandlung**

Auf Fragen des Patienten zur Behandlung muss der Arzt selbstverständlich immer wahrheitsgemäß antworten (Ausnahmen zum Schutz des Patienten sind sehr eng). Der Patient muss erfahren, was mit ihm geschieht, welche Behandlungsziele erreicht wurden, welche nicht und aus welchen Gründen. Fragt er, ob für einen Misserfolg der Behandlung oder bestimmte Komplikationen ein Behandlungsfehler des Arztes ursächlich ist, so geht es allerdings nicht um eine als „wahr" oder „falsch" zu qualifizierende Antwort mit „ja" oder „nein".

Es liegt deshalb komplizierter, weil ein „Behandlungsfehler" ein Begriff mit Rechtsbedeutung ist und das PatRG an die Verwendung juristischer Begriffe durch Laien rechtliche Folgen knüpft.

Wer auf entsprechende Nachfrage einen „Behandlungsfehler" einräumt, gesteht damit einen Haftungstatbestand und ein auch strafrechtlich relevantes Verhalten ein. Zwar muss ihm das dennoch jeweils näher und verfahrensgemäß nachgewiesen werden, de facto geht es aber um eine sehr starke Indizwirkung. Hier nun ist es mit der rechtlichen Verpflichtung zur wahrheitsgemäßen Auskunft wie auch mit der tatsächlich eigenen Einschätzung des Wahrheitsgehalts der Auskunft nicht so einfach.

Ob bestimmte Umstände juristisch als vermeidbarer Verstoß gegen geltende Standards zu bewerten sind, ist im Einzelfall oftmals schwierig zu beurteilen. Denn es geht nicht um bloßes Misslingen von ärztlichen Maßnahmen, einen Fehlschlag der Behandlung, Komplikationen oder sonstige unerwünschte Zwischenfälle. Dies alles kann auch bei sorgfaltswidrigem Vorgehen des Behandelnden vorkommen.

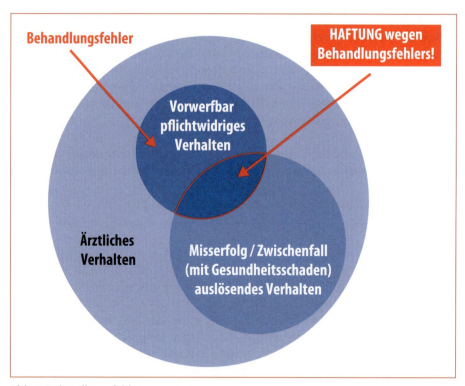

Abb. 9: Behandlungsfehler

Verwirklicht sich ein unerwünschtes Behandlungsrisiko, so kann, muss dies aber nicht auf unsachgemäßes Vorgehen des Arztes zurückzuführen sein. Die Zusammenhänge sind oftmals auch für den Behandelnden selbst schwer aufzuklären. Ob eine Selbstbezichtigung „ins Blaue" mehr Vor- als Nachteile hat, mag stark bezweifelt werden. Wie sicher muss sich also der Behandelnde seiner Selbstbezichtigung sein?

Hinzu kommt, dass sich der Arzt, der mit dem Behandlungsfehler eben einen Haftungstatbestand eingesteht, dem Risiko von Strafverfolgungsmaßnahmen aussetzt. Mit dem strafprozessualen Grundsatz, wonach niemand verpflichtet ist, sich selbst zu belasten („nemo tenetur se ipsum accusare"), ist dies nicht vereinbar.

Von dem grundrechtlich abgesicherten Prinzip der Selbstbelastungsfreiheit darf im Zivilrecht nur in zwingend erforderlichen und gesetzlich geregelten Ausnahmefällen abgewichen werden. Einen solchen Fall hier anzunehmen, ist durchaus zweifelhaft. Für die Offenbarung auf Nachfrage (also ohne die Komponente unmittelbarer Gefahrenabwehr!) erscheint es unverhältnismäßig, den Nemo-tenetur-Grundsatz zu durchbrechen, damit Patienten leichter Schadenersatzansprüche geltend machen können (vgl. Montgomery, MedR 2013, 149). Den Arzt trifft regelmäßig keine Pflicht, wirtschaftlichen Interessen seines Patienten auf einen möglichen Anspruch auf Schadensersatz und Schmerzensgeld hin wahrzunehmen. Der Gesetzgeber will das mit einem Beweisverwertungsverbot retten. Dessen Reichweite allerdings ist einigermaßen unklar.

Was tun?
Der gesetzgeberischen Intention unter angemessener Berücksichtigung der Rechte der Behandlungsseite ist mit einer Offenbarungspflicht auf Nachfrage für Zwischenfälle, Unregelmäßigkeiten und unerwartete Verläufe im Behandlungsgeschehen ohne Sorgfaltswidrigkeitsurteil Genüge getan. Das Gesetz spricht nicht von der Offenbarung von Behandlungsfehlern, sondern von „Umständen, die seine Annahme begründen können".

Das heißt sehr verkürzt formuliert: Unregelmäßige und unerwünschte Umstände zu offenbaren reicht! Zur Frage, ob diese Folge vorwerfbarer Fehler sind, darf man (ggf. „muss" man das sogar, siehe im folgenden) sich unentschieden verhalten!

Einer solchen Interpretation entspricht auch die versicherungsrechtliche Situation: Das Zugeständnis einen Behandlungsfehler begangen zu haben, ist ein im Schadensersatzprozess äußerst relevanter Umstand. Zwar ist das Anerkennungs- und Befriedigungsverbot (Abschnitt 25.3. Allgemeine Haftungsbedingungen 2005) mittlerweile entfallen, d. h. es ist dem Berufshaftpflichtversicherer nun wegen § 105 VVG nicht mehr möglich, den Eintritt abzulehnen, weil der Arzt den Anspruch des Patienten anerkannt oder befriedigt hat. Dennoch darf der Arzt ohne Hinzuziehung des Versicherers keine Tatsachen schaffen, die es letztlich verhindern, dass eine Verteidigung gegen den Behandlungsfehlervorwurf noch Aussicht auf Erfolg hat, weil die Offenbarung eines Behandlungsfehlers zumindest ein sehr starkes Indiz im Sinne eines Zeugnisses gegen sich selbst ist (Warntjen-Schelling, MedR 2012, 506, 511).

Würde man also die Offenbarungspflicht eigener Behandlungsfehler tatsächlich als Pflicht zum Wertung des Vorgehens als sorgfaltswidrig und haftungsrelevant interpretieren, so würde tiefgreifend nicht nur in strafprozessuale und versicherungsrechtliche, sondern auch grundrechtliche Belange, eingegriffen. So weit geht der Gesetzgeber, der behauptet, an die „bislang schon geltende Rechtsprechung" anzuknüpfen, aber nicht.

> **Fremde Behandlung**

Was die Pflicht angeht, auf fremde Behandlungsfehler hinzuweisen, so liegt es im Ergebnis trotz fehlender Selbstbezichtigungsproblematik nicht anders. Auch hier wäre die Offenbarung eines Behandlungsfehlers eine rechtlich relevante Einschätzung des Kollegenhandelns als sorgfaltswidrig und haftungsauslösend und damit mit einer Reihe Problemen verbunden.

Kollegialitätsgebot

Das Handeln des Kollegen als sorgfaltswidrige Pflichtverletzung zu beurteilen, ist (noch) klare Durchbrechung des standesrechtlichen Kollegialitätsgebots, das bewertende Äußerungen über die Behandlung durch Kollegen oder dessen Fachwissen nur äußerst zurückhaltend, etwa im Rahmen ärztlicher Gutachten, erlaubt (§ 29 Abs. 1 bzw. Abs. 4 Musterberufsordnung).

„Ärztliche Ermittlungen"

Zum anderen ist die Schwelle zur Offenbarung für den zweiten Arzt noch weniger erfassbar als für den Arzt, um dessen eigenen Behandlungsfehler es geht. Wann hat der Zweitbehandler eine so sichere Informationsdichte, dass er wirklich einen Behandlungsfehler des Kollegen erkennt? Muss er zur Vermeidung eigener Haftung schon bei den ersten Anhaltspunkten diesen auf Nachfrage offenbaren? Nach dem Gesetzeswortlaut nicht, denn die Umstände müssen (schon) einen Behandlungsfehler begründen, um eine Offenbarungspflicht auszulösen. Recherchepflichten bestehen nach der Gesetzesbegründung nicht. Der Arzt wäre damit in den allermeisten Fällen völlig überfordert den Zeitpunkt festzustellen, an dem er über die Behandlung des Kollegen den Stab brechen kann und muss.

Verunsicherung des Patienten

Der Patient hätte im Übrigen wenig davon, wenn die Vorschrift zu einer exzessiven vorsorglichen gegenseitigen Fehlerbezichtigung führt. Legte man die Offenbarungspflicht der Kollegen wegen des hier nicht geltenden Selbstbelastungs-Grundsatzes anders aus als die Offenbarungspflicht des Behandelnden, wäre es im Übrigen schnell soweit, dass Patienten ihre Behandlungsfehlernachfrage gerade besonders jenen Ärzten stellen würden, die an der Behandlung beteiligt waren oder von dieser Kenntnis haben bzw. erlangen, die aber der Fehlervorwurf nicht trifft. Die Voraussetzungen für die Offenbarungspflicht bezüglich eigener Behandlungsfehler und die anderer müssen aber gleichlaufend sein.

Erkennbarer Fehler?

Hier ist anzumerken, dass das gesetzliche Tatbestandsmerkmal „erkennbarer" Behandlungsfehler untauglich ist, denn offenbart werden kann logisch zwingend nur Erkanntes, nicht trotz objektiver Erkennbarkeit subjektiv nicht Erkanntes. Eine Haftung für vorwerfbar nicht Erkanntes zu postulieren, war nicht Absicht des Gesetzgebers, der in der Gesetzesbegründung ausdrücklich Recherchepflichten verneint. Also kann man den Terminus „Erkennbarkeit" als Lapsus beiseitelassen.

Ergebnis Fall (1) – Nachfrage

Im Ergebnis muss die Offenbarungspflicht auf Nachfrage so ausgelegt werden, dass es darum geht, Umstände, die der Patient näher erfragt, wahrheitsgemäß auch dann darzulegen, wenn sich aus diesen Tatsachen möglicherweise ein haftungsrelevanter Tatbestand im Sinne eines Behandlungsfehlers ergibt.

Eine Einschätzung, ob die mitteilungspflichtigen Umstände als sorgfaltswidriges Verhalten zu werten sind, ist nicht notwendig und unter Berücksichtigung versicherungsrechtlicher Belange und im Fall fremder Fehler des Kollegialitätsverbots ist Zurückhaltung sogar geboten. So wenig wie die Vorschrift realistischerweise eine Verdachtsäußerung ins Blaue verlangen kann, so wenig legitimiert sie allerdings auch das Ableugnen ins Blaue, und das Leugnen wider besseren Wissens ist klarer Verstoß. Für klar liegende Fälle besteht Offenbarungspflicht, wobei die praktische Relevanz gerade hier gering ist, da eindeutige Fälle (etwa Verwechslungen) für den Patienten selbst offensichtlich sein werden.

Abb. 10: Bezug der Offenbarungspflicht auf Nachfrage

Praxistipp

So ist es bei Fremdfehlern z. B. völlig ausreichend, auf Nachfrage, ob dieses oder jenes Vorgehen denn in Ordnung oder fehlerhaft gewesen sei, zu antworten, wie man – bei unterstellter gleicher Fachrichtung des Vorbehandelnden – selbst vorgegangen wäre bzw. darzustellen, wie man sich das Vorgehen des – fachfremden – Kollegen nach eigenem (Erfahrungs-)Wissen vorgestellt hätte. Ein „Ich hätte es anders gemacht" oder „Ich kenne es anders" ist für den verständigen Patienten Anlass genug, dieser abweichenden Auffassung unter dem Haftungsgesichtspunkt nachzugehen, enthält sich aber einer eigenen Wertung der Sorgfaltswidrigkeit des fremden Handelns. In Umsetzung des Gebots zu kollegialem Verhalten sollte in diesen Fällen immer das Gespräch mit dem Kollegen gesucht werden.

Fall (2) – Gesundheitsgefahren

Um es vorweg zu nehmen: Die Regelung ist, in welcher der möglichen Interpretationen auch immer, überflüssig.

Soll die Regelung dazu verpflichten Behandlungsfehler zu offenbaren, soweit dies zur Abwendung gesundheitlicher Gefahren erforderlich ist, so wird dieser Fall nie eintreten, denn zwischen der juristisch relevanten Beurteilung des Vorliegens eines Behandlungsfehlers in Bezug auf einen medizinischen Umstand und der Abwendung gesundheitlicher Gefahren besteht keine Korrelation, kurz: Das eine hat mit dem anderen nichts zu tun!

Die Korrelation zwischen meldungspflichtigem Umstand und Abwehr von Gesundheitsgefahren besteht lediglich hinsichtlich des Merkmals „reaktionspflichtiger Zwischenfall/Umstand", nicht hinsichtlich des Merkmals „fehlerhaft und sorgfaltswidrig gleich Behandlungsfehler im Rechtssinne". Es kann nur darum gehen Umstände zu offenbaren, die therapeutische Relevanz haben. Diese „Zwischenfall-Offenbarung" regelt aber bereits die Verlaufs-Informationspflicht in § 630c Abs. 2 Satz 1 BGB. Insoweit zur Gefahrenabwehr nun andere Untersuchungen oder Therapien geboten sind, muss der Patient ohnehin erneut einwilligen und über neues therapiegerechtes Verhalten ist ebenfalls unabhängig von Offenbarungspflichten zu informieren.

Die Abwendung gesundheitlicher Gefahren ist Kernpflicht des Behandlungsvertrages. Diese Pflicht ist umfassend und schließt damit auch iatrogene Gesundheitsgefahren ein. Hat es also einen (von der Behandlungsseite verursachten) Zwischenfall gegeben, auf den irgendwie reagiert werden muss, weil er neue therapeutische Maßnahmen erforderlich macht oder weil er akut oder später eine Verhaltensanpassung des Patienten erzwingt, so muss der Patient darüber ohnehin informiert werden.

Der Regelungsgehalt zur Offenbarungspflicht geht über die Regelung zu Information nur insoweit hinaus, als dass klargestellt wird, dass dies eben auch dann gilt, wenn die Information im Ergebnis die Offenbarung eines Behandlungsfehlers bedeutet bzw. möglicherweise bedeuten wird.

Das heißt:
Die Information über unerwartete (direkt oder möglicherweise später) reaktionspflichtige Umstände und Zwischenfälle innerhalb eines Behandlungsgeschehens schuldet der Arzt unter allen Umständen, auch dann, wenn diese Information im weiteren Verlauf zu seiner Haftung wegen eines Behandlungsfehlers führen könnte!

> **Das Informationsinteresse des Patienten ist bezüglich seiner gesundheitlichen Belange höher zu bewerten als das Geheimhaltungsinteresse des Arztes!**
> **Aber nur bezüglich seiner gesundheitlichen Belange!**

Die Gesetzesbegründung stellt ausdrücklich selbst fest, dass es keine allgemeine Fürsorgepflicht gegenüber dem Patienten gibt, die dem Arzt gebietet, auch in Bezug auf Behandlungsfehler die wirtschaftlichen Interessen des Patienten (Schadensersatzansprüche) wahrzunehmen. Übrigens wäre, sollten allein wirtschaftliche Interessen als Offenbarungspflichten tragend gesehen werden, nicht erklärbar, warum dann ein Aufklärungsfehler nicht offenbart werden muss.

Ergebnis Fall (2) - Gesundheitsfragen

Im Ergebnis kann es daher nur darum gehen, dass reaktionspflichtige Zwischenfälle und unerwünschte Ergebnisse unter allen Umständen zu offenbaren sind, und eben auch um den Preis sich möglicherweise Haftungsansprüchen auszusetzen, weil der Patient die mitgeteilten Umstände zum Anlass einer Prüfung auf Behandlungsfehler nimmt.

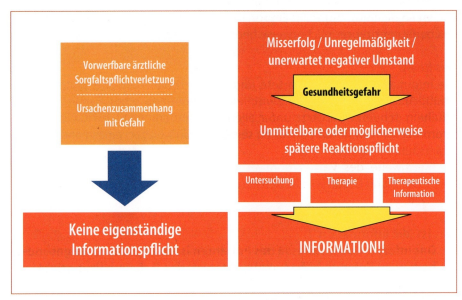

Abb. 11: Bezug der Offenbarungspflicht zur Abwehr von Gesundheitsgefahren

Beispiele für Offenbarungspflichten:
Konstellationen, die eine Informationspflicht über einen unerwünschten Zwischenfall auslösen, sind also z. B. jene, in denen eine Krebsgeschwulst nicht vollständig entfernt wurde (Erfordernis einer weiteren OP), eine Sterilisation misslungen ist (Erfordernis der Verhütung) oder Operationsbesteck im Operationsgebiet zurückgelassen wurde (Erfordernis der Nachbehandlung). Die Reaktionspflicht ist dabei unabhängig davon, ob die ungünstigen Umstände im Rahmen der Realisierung eingriffstypischer Risiken ausgelöst wurden oder ihre Ursache in einem nicht sorgfaltsgemäßen und vermeidbar fehlerhaften Vorgehen haben. Wichtig ist, dass auf sie reagiert wird und der Patient den Sachverhalt erfährt. Das Wissen um eine Behandlungsfehler-Haftung des Arztes ist zur Gefahrenabwehr weder tauglich noch zwingende Voraussetzung.

3.3.3 Unterlassene Offenbarung

Ergibt sich, dass der Arzt reaktionspflichtige Umstände verschwiegen hat und ist dem Patienten daraus ein kausal verursachter Gesundheitsschaden entstanden, so haftet der Arzt wegen eines Behandlungsfehlers nach § 630a i. V. m. § 280 Abs. 1 BGB.

Einer zusätzlichen Haftung aus Verletzung der Informationspflicht nach § 630c Abs. 2 Satz 2 i. V. m. § 280 Abs. 1 BGB kommt keine eigenständige Bedeutung zu. Sie bleibt folgenlos!

Hat der Patient überhaupt keinen gesundheitlichen Schaden, kann sich weder wegen des Behandlungsfehlers noch aus der Informationspflichtverletzung eine Ersatzpflicht ergeben.

3.3.4 Beweisverwertungsverbot

§ 630c Abs. 2 S. 3 BGB enthält ein Beweisverwertungsverbot. Es gilt für die in Erfüllung der Verpflichtung aus Satz erteilte Information, die im Rahmen eines Strafprozesses nur mit Zustimmung des Arztes verwendet werden darf.

Die Reichweite des Verwertungsverbots wird erst durch die strafrechtliche Rechtsprechung bestimmt werden können, denn die Auslegungsmöglichkeiten sind weit.

Was ist „die Information"?
Die Information könnte eng die mündliche Angabe des Arztes, also nur seine „Selbstbezichtigung" als solche umfassen, so dass ggf. Behandlungsunterlagen durchaus verwertet werden dürfen. Die Gesetzesbegründung mit dem Verweis darauf, dass „unmittelbare" Nachteile im Strafverfahren vermieden werden sollen, lässt jedenfalls vermuten, dass weitere Ermittlungsergebnisse, die aufgrund der Information über fehlerhafte Behandlung gewonnen werden oder mit dieser in untrennbarem Zusammenhang stehen, durchaus verwertbar bleiben. Dann allerdings ist kaum ein fassbarer Vorteil der Selbstbezichtigung ersichtlich.

Zu einer verstärkten „Motivation" zur Selbstbezichtigung, wie der Gesetzgeber sie sich erhofft, wird diese schwammige Beweislastregel kaum führen. Dazu bleiben die strafrechtlichen Konsequenzen auf Sicht zu unberechenbar.

3.4 Informationspflichten über Behandlungskosten

§ 630c Abs. 3 BGB regelt die sog. wirtschaftliche Informationspflicht. Auch diese Pflicht existierte bereits vor der Kodifizierung als sog. „wirtschaftliche Aufklärung". An die Rechtsprechung zur wirtschaftlichen Aufklärung knüpft die Regelung lt. Gesetzesbegründung ausdrücklich an.

Entsprechend gilt:

3.4.1 GKV-Patienten/Privatpatienten

Die Abrechnung von Leistungen für gesetzlich versicherte Patienten erfolgt über die Kassenärztliche bzw. Kassenzahnärztliche Vereinigung (KV/KZV). Der Patient selbst erhält i. d. R. keine Kenntnis von den tatsächlichen Kosten seiner Behandlung und ist auch über die Abrechnungspraxis nicht informiert.

Beim gesetzlich versicherten Patienten besteht nur in dem Umfang, in dem bereits bei Beginn der Behandlung feststeht, dass die gesetzliche Krankenkasse nicht eintrittspflichtig ist, ein unmittelbarer Anspruch nach § 611 BGB gegen den Patienten auf Bezahlung. Die Entgeltpflicht für die medizinische Leistung ist hier regelmäßig von der sozialrechtlichen Eintrittspflicht der GKV überlagert, so dass der Patient die Behandlung ohne eigene Zahlungsverpflichtung erwartet. Dieser Erwartung trägt der Gesetzgeber mit der Normierung der wirtschaftlichen Informationspflicht im Fall einer Enttäuschung dieser Vorstellungen Rechnung.

Der Arzt hat aufgrund der ihm bekannten Abrechnungspraxis regelmäßig einen Wissensvorsprung, den er dem Patienten nicht vorenthalten darf, wenn ihm bekannt ist, dass die konkrete Leistung nicht (vollständig) über den Leistungskatalog der GKV abrechenbar sein wird, somit auf den Patienten finanzielle Belastungen zukommen können.

Dies liegt bei einem Privatpatienten anders, soweit der Arzt die Vertragsbedingungen des mit dem privaten Krankenversicherer abgeschlossenen Vertrages nicht kennt. Im Fall eines Wissensvorsprungs bestehen Informationspflichten aber auch gegenüber dem privat versicherten Patienten!

Abb. 12: Wirtschaftliche Information

Wirtschaftliche Informationspflichten (und im Übrigen gesteigerte, nicht verringerte, Aufklärungspflichten!) bestehen daher v. a. bei den „Individuellen Gesundheitsleistungen" (IGeL), die nicht im GKV-Leistungskatalog enthalten sind und soweit sie bei privat Versicherten als nicht medizinisch notwendig gelten.

Besonders nachfragen muss der Patient nicht!

Der Arzt ist gehalten, immer dann von sich aus auf mögliche finanzielle Folgen für den Patienten hinweisen, wenn er davon ausgehen kann, dass dem Patienten die Frage der Kostenübernahme durch Dritte wichtig ist, wovon in aller Regel auszugehen sein dürfte.

3.4.2 Wunscherfüllende Medizin

Hauptanwendungsgebiet wirtschaftlicher Informationspflichten außerhalb der IGeL-Angebote bilden die Fälle wunscherfüllender Medizin. Hiermit sind nicht nur weite Teile der „Schönheitschirurgie" angesprochen, sondern auch Maßnahmen zur Empfängnisverhütung oder der sog. echte „Wunschkaiserschnitt". Die wirtschaftliche Informationspflicht umfasst bei rein ästhetisch motivierten Eingriffen auch den Hinweis, dass ggf. Folgebehandlungen, die sich aufgrund eines Fehlschlags der Behandlung oder der Realisierung von Risiken und Nebenwirkungen ergeben, ebenfalls nicht über Sozialversicherungsträger erstattungsfähig sind, auch wenn diese dann medizinisch notwendig sein sollten!

3.4.3 Irrtum über die Kostenübernahme

Irrtümer zur Kostenfrage sind über die Prüfung, wer das Risiko des konkreten Irrtums trägt, zu lösen. Solange es um Umstände geht, die den Wissensvorsprung des Arztes begründen, also etwa Anhaltspunkte für eine (teilweise) Nichtübernahme, liegt das Risiko beim Arzt. Soweit es um Irrtümer des Patienten geht, denen er in Kenntnis einer möglichen Nichtübernahme der Kosten durch eintrittspflichtige Dritte unterliegt (etwa weil in einem ähnlichen Fall die Kosten bereits einmal erstattet wurden, allerdings ausdrücklich ohne Anerkennung einer Rechtspflicht), liegt das Risiko beim Patienten. Hat der Arzt seiner Informationspflicht genügt und irrt der Patient nach Recherche über die Kostenübernahme, geht auch dieser Irrtum zu Lasten des Patienten. Unterliegen Arzt und Patient beide einem gemeinsamen Irrtum über die Kostenfrage, muss ggf. eine Vertragsanpassung unter Berücksichtigung der beiderseitigen Interessen nach Treu und Glauben erfolgen. Das heißt in der Praxis: Einigen Sie sich hier irgendwie, sonst macht das das Gericht!

3.4.4 Gänzlich fehlender Versicherungsschutz

Die Prüfung des Bestehens von Versicherungsschutz gehört in die Sphäre des Patienten. Nur Wissensvorsprung löst Hinweispflichten aus. Irrtümer gehen ebenfalls zu Lasten des Patienten.

3.4.5 Unklare Kostenübernahme durch Dritte

Der „Wissensvorsprung" des Arztes kann unterschiedlicher Ausprägung sein. Es kann sein, dass der Arzt gesichertes Wissen darüber hat; häufig ist aber auch der Arzt unsicher, welche Eintritts- oder Erstattungspflichten bestehen. Eine Aufklärungspflicht ist bereits dann anzunehmen, wenn sein Wissensvorsprung lediglich dahingehend besteht, dass er an der Erstattungsfähigkeit begründete Zweifel haben muss (Wissen über die Ungewissheit).

3.4.6 Mitwirkungspflichten

Der Arzt muss die Erstattungsfähigkeit einer Maßnahme nicht erforschen, er ist aber verpflichtet zur Aufklärung dieser Frage beizutragen, soweit der Patient nähere Informationen von ihm für die Prüfung der Eintrittspflicht durch den Versicherer benötigt.

3.4.7 „Kostenoptimierte Fehldiagnose"

Gewarnt werden muss vor dem „kostenoptimierenden" Zusammenwirken mit dem Patienten zur Schaffung eines fingierten Eintrittstatbestands für den Versicherer. Aus der Praxis ist bekannt, dass Patienten nicht selten den Arzt darum ersuchen, eine gewünschte Maßnahme dem Sozialversicherungsträger gegenüber als medizinisch indiziert darzustellen, um den Eintritt zu erschwindeln und die Maßnahme nicht selbst bezahlen zu müssen. Dies ist zunächst strafrechtlich relevanter Betrug bzw. Beihilfe dazu. Zum anderen bestehen gute Chancen, dass, insbesondere in den Fällen einer misslungenen oder nicht den Erwartungen des Patienten entsprechenden ästhetischen Operation, der Patient sich später an eine entsprechende „Vereinbarung" nicht mehr „erinnert" und seinerseits behauptet, der Arzt habe ihn über die medizinische Indikation getäuscht. Dann ist der Schaden allumgreifend.

3.4.8 Textform der Information

Das Erfordernis schriftlicher Information über die wirtschaftlichen Belange der Behandlung ist eine der wirklichen Neuerungen des Gesetzes.

Der Text muss erkennen lassen, wer wem die Information erteilt und er muss die (nicht notwendig eigenhändige) Unterschrift des Erklärenden tragen. Soweit im Übrigen andere Vorschriften, wie etwa § 17 Abs. 2 des Krankenhausentgeltgesetzes (Wahlleistungsverträge) oder § 3 Abs. 1 und § 18 Nr. 8 des Bundesmantelvertrag-Ärzte (schriftlicher Behandlungsvertrag!) für Leistungen außerhalb der vertragsärztlichen Versorgung weitere Formerfordernisse festschreiben, gelten diese zusätzlich.

Ist die Informationspflicht wegen der nicht sicher möglichen Einschätzung einer (vollständigen) Kostenübernahme ausgelöst, muss die Information einmal in eben dieser Tatsache bestehen, des Weiteren aber vor allem die voraussichtlichen Kosten der Behandlung beziffern (Kostenvoranschlag). Den Erhalt sollte der Patient möglichst bestätigen (Unterschrift auf dem in den Krankenakten verbleibenden Blatt).

Die Informationspflicht des Behandelnden umfasst keine wirtschaftliche Beratung des Patienten!

3.4.9 Verlust des Honoraranspruchs

Im Falle eines pflichtwidrigen Verstoßes gegen die wirtschaftliche Informationspflicht aus Abs. 3 kann der Patient dem Anspruch des Behandelnden auf Bezahlung der Behandlungskosten den Pflichtverstoß aus Abs. 3 entgegenhalten (vgl. entsprechend zur wirtschaftlichen Aufklärung vor dem PatRG: BGH VersR 2000, 999).

Der Patient muss den Verstoß gegen die Informationspflicht aus Abs. 3 beweisen. Die ihn beweisrechtlich begünstigenden Regelungen des § 630h BGB finden insoweit keine Anwendung.

Dem Arzt muss im Streitfall der Nachweis offen stehen, dass der Patient sich auch bei ordnungsgemäßer Information zu der Behandlung entschlossen hätte.

3.4.10 Ausblick

Gesundheit ist teuer. Das durch das funktionierende System der gesetzlichen Krankenversicherung gewissermaßen als Kollateralschaden über die Jahrzehnte verbreitete Denken, dass Gesundheitsleistungen „nichts kosten", ist längst im Wandel. Zögerlich und verständlicherweise oftmals unwillig sieht sich der GKV-Patient Zuzahlungen und Eigenanteilen ausgesetzt. Das Abrechnungssystem verkompliziert sich, Leistungskataloge verändern sich, der medizinische Fortschritt ermöglicht ein breites Spektrum an Wunschbehandlungen, die nicht zu Lasten der Sozialkassen gehen können. Es ist deshalb zu erwarten, dass sich die noch für alle Beteiligten ungewöhnlich anmutende Situation, mit dem Arzt „über Geld" zu sprechen, normalisieren wird. Wirtschaftliche Information wird schon bald Alltag sein.

Die Entwicklung kann dabei von Nutzen für die Behandlungsseite sein, um die Verantwortung für die Erstattungsfrage wieder klar beim Patienten anzusiedeln. Mehr als bei der Klärung dieser Frage durch Information über die geplante Behandlung mitzuwirken, ist vom Arzt nicht zu verlangen. Vorwerfbar in Gefahr bringt er seinen Honoraranspruch nur bei nachweisbarem Wissensvorsprung, den er dem Patienten gerade nicht offenbart hat.

Ein anderer ebenfalls nicht zu unterschätzender Aspekt der zukünftigen besonderen Bedeutung der wirtschaftlichen Informationspflicht liegt in der Schnittstelle zwischen wirtschaftlicher Aufklärung und der juristisch noch sehr „unreifen" Qualitäts-Aufklärung. Ergibt sich etwa, dass der Arzt eine aufwendigere, aber schonendere oder erfolgversprechendere Methode im konkreten Fall des Patienten für angezeigt hält, diese aber vom Leistungskatalog (noch) nicht umfasst ist, so kann und muss er diese dem Patienten gegen die Möglichkeit der (anteiligen) Eigenfinanzierung anbieten.

3.5 Ausnahmetatbestände/Folgen bei Verstößen

§ 630c Abs. 4 BGB betrifft Ausnahmen von den Informationspflichten. Anknüpfung für das Entfallen der Informationspflicht ist die Entbehrlichkeit der Information aufgrund besonderer Umstände. Ob Entbehrlichkeit vorliegt, kann nur abhängig von Regelungszweck und -ziel der jeweiligen Informationspflicht bestimmt werden. Beispielhaft werden als Ausnahmetatbestände die Unaufschiebbarkeit der Behandlung und der Verzicht des Patienten auf die Information genannt.

Die Ausnahmen beziehen sich zwar auf sämtliche, in den vorherigen Absätzen normierten, Informationspflichten, ergeben aber nicht mit allen Tatbeständen Sinn. Überhaupt erscheint hier die Anlehnung an die Tatbestände der ausnahmsweise entbehrlichen Selbstbestimmungsaufklärung für die Informationspflichten nicht recht passend. So kann die Information über das therapierichtige Verhalten kaum wegen der Unaufschiebbarkeit der Behandlungsmaßnahme gänzlich entbehrlich sein. Die Dringlichkeit der Maßnahme verschiebt lediglich den Zeitpunkt dieser Informationen.

Inwieweit die Informationspflichten zur Offenbarung von Umständen im Zusammenhang mit Behandlungsfehlern außerhalb bereits vorhandenen Wissens entbehrlich sein können, ist nicht ersichtlich. Mangels eigenständiger Sanktionen sind hier ohnehin keine Konsequenzen zu erwarten.

Was die wirtschaftliche Informationspflicht angeht, ergibt sich für die Entbehrlichkeit vor allem der Anknüpfungspunkt, dass die Informationen beim Patienten bereits vorliegen. Irrtümer über den Kenntnisstand des Patienten gehen im Regelfall zu Lasten des Arztes, da er auch ungefragt informieren muss.

Aus „erheblichen" (so die Gesetzesbegründung!) therapeutischen Gründen kann ebenfalls von eigentlich geschuldeten Informationen abgesehen werden.

Die Entbehrlichkeits-Umstände muss der Arzt gewissenhaft prüfen und sollte sie zu Beweiszwecken auch dokumentieren.

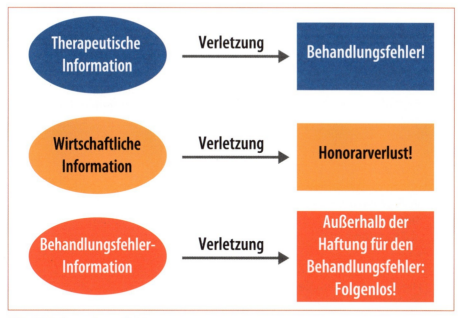

Abb. 13: Informationspflichten

3.6 Auf einen Blick: Zusammenfassung/Merkposten/To Dos

Therapeutische Information

- Neu! Patientenrechtegesetz:
  Begriffliche Trennung in Informationspflichten und Aufklärungspflichten!

- Informationszweck:
  Förderung/Sicherstellung des Behandlungsziels

- Aufklärungsziel:
  Sicherstellung des Selbstbestimmungsrechts des Patienten
  (§ 630d und e BGB)

- Therapeutische Information:
  Hinweise auf therapierichtiges Verhalten
  (Gebote, Verbote, Informationen betr. Gebrauch medizinischer Heil- und Hilfsmittel, Einnahme v. Medikamenten, Wiedervorstellung, Kontrolluntersuchungen etc.)

- Hinweiserteilung: umfänglich, rechtzeitig, verständlich!

Information über Behandlungsfehler (Offenbarungspflicht)

- Neu! Patientenrechtegesetz :
  Offenbarungspflicht über Umstände im Zusammenhang mit Behandlungsfehlern!

- Offenbarungstatbestand 1: Nachfrage des Patienten
  Auf entsprechende Nachfrage des Patienten sind
    - Unregelmäßigkeiten im Behandlungsverlauf,
    - unerwünschte Zwischenfälle und
    - Misserfolge einzelner ärztlicher Maßnahmen
  immer und unabhängig
    - von den Gründen für diese Ereignisse/Umstände
    - von evtl. (mit-) verursachendem eigenem oder fremdem Verhalten
    - von ihren gesundheitlichen Auswirkungen
  zu offenbaren!

- Offenbarungstatbestand 2: Drohende Gesundheitsgefahr/
  Therapeutische Zwischenfall-Relevanz

Reaktionspflichtige Fehl-Verläufe durch den Eintritt ungünstiger Umstände oder negativer Zwischenfälle sind immer, auch ohne Nachfrage des Patienten, zu offenbaren.

💥 **Umfassende Offenbarungspflicht auch bei Selbstbezichtigung!**

Die Offenbarungspflicht gilt auch, wenn sich aus mitteilungspflichtigen Tatsachen im Ergebnis Behandlungsfehler ableiten lassen und für den Informierenden oder Kollegen eine entsprechende Haftung auslösen können.

💥 **Reichweite der Offenbarungs-Verpflichtung im Einzelnen bis zur Konkretisierung durch die Rechtsprechung noch nicht sicher bestimmbar!**

💥 **Die eigene Wertung der mitzuteilenden Umstände als vorwerfbarer Behandlungsfehler ist nach derzeit überwiegender Interpretation der Medizinrechtler nicht Teil der Offenbarungspflicht!**

Mit Blick auf versicherungsrechtliche Belange sollte eine entsprechende wertende Einschätzung (Eingestehen wie Ableugnen eines haftungsrelevanten Behandlungsfehlers) vor näherer Abklärung und Überprüfung der Vorgänge weiterhin vermieden werden!

💥 **Über die Haftung für den Behandlungsfehler hinaus ergibt sich aus der Verletzung von Offenbarungspflichten keine Haftung! Verschweigen und Vertuschen kann aber u.U. mögliche Schmerzensgeldansprüche erhöhen!**

💥 **NEU! Patientenrechtegesetz:**

Beweisverwertungsverbot für offenbarte Informationen über Behandlungsfehler im Straf- oder Bußgeldverfahren!

Reichweite des Beweisverwertungsverbots im Einzelnen noch unklar!

Risiko: Die Behandlungsunterlagen selbst und weitere aufgrund der Angaben ermittelte Sachverhalte werden im Strafverfahren wohl in den meisten Fällen verwertbar bleiben!

Information über Behandlungskosten

- ⓘ Information zu dem Patienten mangels Eintrittspflicht Dritter entstehenden Kosten ist immer geschuldet, wenn der Arzt einen Wissensvorsprungvorsprung hinsichtlich der Kostenfrage hat!

- ※ Wissensvorsprung: Es reicht Wissen über Nichtwissen!

Das heißt: Hinweispflicht auf die unklare Kostenerstattungsfrage bereits bei ernsthaften Zweifeln an Kostenübernahme durch Dritte!

- ⓘ Kosteninformation auch ohne Nachfrage des Patienten!

- ⓘ Kosteninformation insbesondere bei
  - IGeL-Leistungen
  - wunscherfüllender Medizin
  - bei sonstigen Maßnahmen außerhalb des GKV Katalogs!

- ⓘ Bei unklarer Kostenübernahmepflicht durch Dritte liegt die Hinweispflicht darauf beim Arzt, die nähere Recherchepflicht beim Patienten! Irrtümer bezüglich der Hinweispflichten gehen zu Lasten des Arztes, Irrtümer bei der Recherche zu Lasten des Patienten!

- ※ Warnung vor „kostenoptimierter Fehldiagnose":
  Das Fingieren eines Eintrittstatbestandes für einen Versicherer für eine medizinische Maßnahme ist strafrechtlich relevantes Verhalten!

- ⓘ Kosteninformation in Textform!
  - Erkennbarkeit des Erklärenden
  - keine eigenhändige Unterschrift erforderlich

- ※ Weitere Formerfordernisse beachten!
  Bsp.:
  - Wahlleistungsvereinbarung nach § 17 Abs. 2 KEntgG,
  - schriftlicher Behandlungsvertrag über nicht vertragsärztliche Leistungen nach § 3 Abs. 1 Bundesmantelvertrag-Ärzte

- ⓘ Entbehrlichkeit der Kosten-Information bei Verzicht des Patienten!

- ※ Der Arzt schuldet keine wirtschaftliche Beratung des Patienten und sollte diese auch vermeiden!

> **Praxistipp**
>
> Informationsverzicht des Patienten oder Informationsvorenthaltung wegen erheblicher Gründe unbedingt unter Schilderung der näheren Umstände der Erklärung dokumentieren!
>
> Bei Verstoß gegen die Informationspflicht:
> Verlust des entsprechenden Honoraranspruchs!
>
> Einwand, dass sich der Patient dennoch zur Maßnahme entschlossen hätte, möglich, aber ggf. zu beweisen!

4 Die Einwilligung des Patienten in die Behandlung – § 630d BGB

> **§ 630d BGB**
>
> (1) Vor Durchführung einer medizinischen Maßnahme, insbesondere eines Eingriffs in den Körper oder die Gesundheit, ist der Behandelnde verpflichtet, die Einwilligung des Patienten einzuholen. Ist der Patient einwilligungsunfähig, ist die Einwilligung eines hierzu Berechtigten einzuholen, soweit nicht eine Patientenverfügung nach § 1901a Absatz 1 Satz 1 die Maßnahme gestattet oder untersagt. Weitergehende Anforderungen an die Einwilligung aus anderen Vorschriften bleiben unberührt. Kann eine Einwilligung für eine unaufschiebbare Maßnahme nicht rechtzeitig eingeholt werden, darf sie ohne Einwilligung durchgeführt werden, wenn sie dem mutmaßlichen Willen des Patienten entspricht.
>
> (2) Die Wirksamkeit der Einwilligung setzt voraus, dass der Patient oder im Fall des Absatzes 1 Satz 2 der zur Einwilligung Berechtigte vor der Einwilligung nach Maßgabe von § 630e Absatz 1 bis 4 aufgeklärt worden ist.
>
> (3) Die Einwilligung kann jederzeit und ohne Angabe von Gründen formlos widerrufen werden.

4.1 Der selbstbestimmte Patient

Eine medizinische Maßnahme ohne wirksame Einwilligung des Patienten ist eine Vertragsverletzung i. S. v. § 280 Abs. 1 BGB.

Eine Definition der medizinischen Maßnahme liefert der Gesetzgeber auch hier nicht. Die Maßnahme muss aber nicht zwingend mit einem Eingriff in den Körper oder die Gesundheit des Patienten verbunden sein, was sich daran zeigt, dass diese Möglichkeiten lediglich als Beispiele medizinischer Maßnahmen herausgegriffen werden. Auch Behandlungsmaßnahmen unterhalb der Eingriffsschwelle müssen daher von einer Einwilligung gedeckt sein.

Das Gesetz verwendet den Begriff der „Einwilligungsfähigkeit" und grenzt damit die Fähigkeit zur Einwilligungserteilung von der Geschäftsfähigkeit ab. Im Zusammenhang mit teilweise ungelösten Einwilligungsfragen bei einwilligungsunfähigen Patienten eröffnet das Gesetz leider keine Lösungen. Dies gilt insbesondere für die nicht parallel laufende Bewertung wirksamer Einwilligungen durch Minderjährige im strafrechtlichen und zivilrechtlichen Bereich, wie auch für erhebliche Unsicherheiten im Zusammenhang mit Patientenverfügungen. Unter Rückgriff auf bisher hierzu herausgearbeitete Lösungen ergibt sich:

4.2 Einwilligungsfähigkeit

Als Ausfluss des allgemeinen Persönlichkeitsrechts und des Rechts am eigenen Körper liegt die Einwilligungszuständigkeit zunächst ohne Rücksicht auf die Regeln über die Geschäftsfähigkeit beim Patienten (Zuständigkeitsvorrang) und es muss für jeden Einzelfall die Einwilligungsfähigkeit isoliert geprüft werden. Diese meint die Kompetenz, Nutzen und Risiken eines Eingriffs zu begreifen und gegeneinander abwägen zu können.

Relevant wird die Frage der Einwilligungsfähigkeit vor allem bei unter Betreuung (§ 1896 ff. BGB) stehenden Patienten, minderjährigen oder vorübergehend nicht willensfähigen (z. B. bewusstlosen) Patienten und im Zusammenhang mit absolut außerhalb jeder Vernunft liegenden Entscheidungen.

Im Grundsatz muss und darf der Arzt davon ausgehen, dass ein volljähriger Patient auch einwilligungsfähig und sein Wille zwingend beachtlich ist.

Abb. 14: Abgrenzung Einwilligungsfähigkeit/Geschäftsfähigkeit

4.2.1 Vorsorgevollmacht/Betreuung/Patientenverfügung

Ist der Patient nicht (mehr) einwilligungsfähig, kann er sich im Zeitpunkt der notwendig werden Entscheidung nicht mehr selbst wirksam zu der beabsichtigten Maßnahme äußern. Die dennoch erforderliche Einwilligung ist auf anderem Wege zu beschaffen.

Das Gesetz hilft mit dem Hinweis, dass nun die Einwilligung vom hierzu anstelle des Patienten Berechtigten zu erteilen ist, soweit keine Patientenverfügung vorliegt, zunächst wenig weiter, sind die denkbaren Konstellationen doch sehr vielfältig und gilt es vor allem die Regelungen zur Patientenverfügung in den §§ 1901a ff. BGB mit dieser Vorschrift abzugleichen.

Betreuer/Bevollmächtigter

Soweit der Patient im Zustand der Einwilligungsfähigkeit einen Bevollmächtigten für die Gesundheitssorge bestellt hat (Vorsorgevollmacht), ist nun dieser zur Einwilligung befugt. Gleiches gilt für einen umfassend die Belange des Patienten wahrnehmenden, vom Betreuungsgericht bestellten Betreuer (§ 1896 BGB).

Diese Personen sind verpflichtet, dem Patientenwillen zur Durchsetzung zu verhelfen. Der Wortlaut von § 630d Abs. 1 Satz 2 BGB legt zunächst nahe, dass es ihrer Hinzuziehung nicht bedarf, soweit eben eine die Situation erfassende Patientenverfügung vorliegt. Das allerdings läge im Widerspruch zu § 1901a ff. BGB. Die Beteiligung der Vertreter ist nämlich trotz einschlägiger Patientenverfügung zwingend vorgeschrieben!

Existierende Patientenverfügung und Betreuung/Vertretung

Existiert eine Patientenverfügung, so ergibt sich das Verfahren zur Ermittlung des Patientenwillens aus den §§ 1901a BGB ff.!

Hieraus resultiert folgende Aufgabenverteilung zwischen Arzt und Vertreter:

Nach der Vorschriften im BGB zur Patientenverfügung ist nur der Betreuer bzw. Bevollmächtigte befugt, die Übereinstimmung der Festlegungen in der Patientenverfügung mit der aktuellen Lebens- und Behandlungssituation des Patienten zu prüfen und auf dieser Grundlage dem Willen des Patienten gegebenenfalls Geltung zu verschaffen. Darüber hinaus setzt die Entscheidung über eine ärztliche Maßnahme gemäß § 1901b BGB zwingend ein Zusammenwirken von Betreuer bzw. Bevollmächtigtem und Arzt voraus: Danach prüft der behandelnde Arzt in eigener Verantwortung, welche ärztliche Behandlung im Hinblick auf den Gesamtzustand und die Prognose des Patienten indiziert ist und erörtert dies mit dem Vertreter unter Berücksichtigung des Patientenwillens als Grundlage für die zu treffende Entscheidung (BGH DNotZ 2011, 583). Orientierungshilfe bei Sterbenskranken geben hier die Grundsätze der Bundesärztekammer zur ärztlichen Sterbebegleitung. Nahe Angehörige oder sonstige Vertrauenspersonen des Patienten sollen möglichst Gelegenheit zur Äußerung haben, § 1901b Abs. 2 BGB. Es entscheidet der Bevollmächtigte bzw. Betreuer.

Patientenverfügung, aber kein Betreuer/Vertreter bestellt

Existiert zwar eine Patientenverfügung, aber ohne dass ein Bevollmächtigter benannt oder ein Betreuer bestellt wurde, regelt weder § 1901a ff. BGB noch § 630d Abs. 2 BGB die genaue Vorgehensweise. Soweit mit dem Patienten auch kein Vertrag mehr zustande kommen konnte, bewegt sich der Arzt ohnehin auf dem Feld der Geschäftsführung ohne Auftrag (die ebenfalls die Erforschung des wirklichen Willens des Patienten anhand der Patientenverfügung erfordert). Hält man also die Hinzuziehung eines Betreuers nicht schon generell zwecks Einhaltung des Patientenverfügung-Prüfungs-Prozederes für notwendig (das ist streitig!), so empfiehlt sich das jedenfalls zur Absicherung der Entscheidung und ist umso dringender, wenn die Interpretation der Patientenverfügung dem Arzt schwierig erscheint. Je eindeutiger die Patientenverfügung auf den zu beurteilenden Sachverhalt passt, umso weniger Bedürfnis besteht im Ergebnis für eine Betreuerbestellung.

Wirksamkeit der Patientenverfügung

Es ist zu beachten, dass die Patientenverfügung nur wirksam ist, wenn sie „bestimmte" Untersuchungen oder ärztliche Maßnahmen betrifft. Allgemein formulierte Wünsche und Richtlinien, wie etwa die Anordnung „keine lebensverlängernden Maßnahmen!" sind zu unbestimmt.

Einigermaßen verwirrend ist die Bemerkung in der Gesetzesbegründung, die Einwilligung in eine ärztliche Maßnahme in einer Patientenverfügung sei nur wirksam, wenn über diese Maßnahme aufgeklärt worden sei oder ein Aufklärungsverzicht vorliege. Das wird nun wohl selten der Fall sein und widerspricht auch der bisherigen Auslegung des § 1901a Abs. 1 BGB. Vorschläge für eine Auflösung dieses Widerspruchs sind noch nicht ersichtlich. Es dürfte sich letztlich um eine Frage handeln, die im Rahmen der Prüfung der Übereinstimmung der Patientenverfügung mit dem eingetretenen Lebenssachverhalt zu beantworten ist: Ergeben sich Anhaltspunkte dafür, dass der Patient an bestimmte Dinge sicherlich nicht gedacht hat, die ihm wohl wichtig gewesen wären, dann kann keine Übereinstimmung gegeben sein.

Mutmaßlicher Patientenwille

Soweit schließlich eine Übereinstimmung der Patientenverfügung mit der jetzigen Einwilligungssituation nicht festgestellt werden kann, muss der mutmaßliche Wille des Patienten erforscht werden. Dieser ist aufgrund konkreter Anhaltspunkte zu ermitteln, wobei insbesondere frühere mündliche oder schriftliche Äußerungen, ethische oder religiöse Überzeugungen und sonstige persönliche Wertvorstellungen des Patienten heranzuziehen sind. Übrigens spielt hierfür dann auch wieder eine „unwirksame" bzw. nicht einschlägige Patientenverfügung eine Rolle, sofern dieser als „schriftliche Äußerung" zumindest Indizien für einen mutmaßlichen Willen zu entnehmen sind.

Soweit für die Einwilligungserteilung anstelle des Patienten weitere besondere Anforderungen gelten, wie etwa die Genehmigung durch das Betreuungsgericht bei Maßnahmen, die einen schwere und andauernden Gesundheitsschaden oder das Versterben des Patienten befürchten lassen (§ 1904 BGB) oder bei der Sterilisation (§ 1905 BGB) oder Unterbringung in eine psychiatrische Einrichtung (§ 1906) gelten diese Vorschriften weiter.

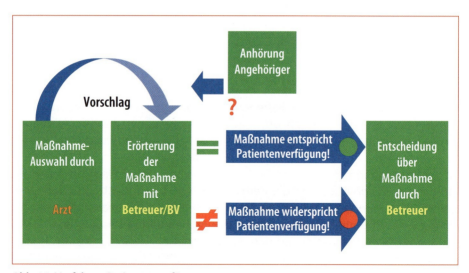

Abb. 15: Verfahren Patientenverfügung

4.2.2 Minderjährigeneinwilligung

Die Einwilligungsfähigkeit von Minderjährigen in medizinische Behandlungen wirft viele komplizierte Rechtsfragen auf, derer sich das Gesetz nicht angenommen hat.

Auch hier ist zunächst auf die bisherige Rechtspraxis zurückzugreifen. Der BGH (BGHZ 29, 33) beurteilt die Einwilligungsfähigkeit des Minderjährigen danach, ob er aufgrund seiner geistigen und sittlichen Reife in der Lage ist, die Bedeutung und Tragweite der Behandlungsmaßnahme einzuschätzen.

Einwilligungsfähiger Minderjähriger

Der BGH gibt auch für den einwilligungsfähigen Minderjährigen das Erfordernis der Zustimmung durch den gesetzlichen Vertreter nur in den Fällen auf, in denen eine dringlich indizierte Behandlung vorzunehmen ist und die Eltern nicht erreicht werden können.

In Fällen nur relativ indizierter Eingriffe mit möglicherweise erheblichen Folgen für die künftige Lebensführung kann dem Minderjährigen bei ausreichender Urteilsfähigkeit ein Vetorecht gegen die Fremdbestimmung der Eltern zustehen (BGH MedR 2008, 289).

Letztlich ist im konkreten Fall auf die Einsichtfähigkeit des minderjährigen Patienten mit Blick auf die Bedeutung des Eingriffs abzustellen: In vergleichsweise harmlose Behandlungen kann der Minderjährige allein einwilligen; schwerwiegendere Eingriffe bedürfen der (zusätzlichen!) Einwilligung der Eltern.

Relevant wird das Problem sich widersprechender Entscheidungen, in der Praxis insbesondere in den Fällen eines Schwangerschaftsabbruchs bei minderjährigen Schwangeren. Hier wird nicht einheitlich beurteilt, welche Entscheidung Vorrang hat. Notfalls müssen familiengerichtliche Maßnahmen nach § 1666 BGB (Gerichtliche Maßnahmen bei Gefährdung des Kindeswohls) weiterhelfen.

Nicht einwilligungsfähiger Minderjähriger

Ist der Minderjährige nicht einwilligungsfähig, so bedarf es in Fällen, in denen die elterliche Sorge den Eltern gemeinsam zusteht (§§ 1626 ff. BGB) der Einwilligung beider Elternteile. Der Arzt darf aber in bestimmten Grenzen auf die Ermächtigung eines Elternteils, für den anderen mitzuhandeln, vertrauen (BGH MedR 2010, 857). So ist typischerweise davon auszugehen, dass der das Kind beim Arzt oder im Krankenhaus vorstellende Elternteil ermächtigt ist, für den Abwesenden die erforderliche Einwilligung in ärztliche Heileingriffe nach Beratung durch den Arzt mitzuerteilen. Jedenfalls in Routinefällen (leichte Erkrankungen, Verletzungen, Routineimpfungen) besteht auch kein Anlass, die Ermächtigung näher zu erfragen.

Anderes kann bei Eingriffen schwererer Art mit nicht unbedeutenden Risiken gelten. Hier muss sich der Arzt vergewissern, ob der erschienene Elternteil die beschriebene Ermächtigung des anderen hat und wie weit diese reicht; er wird aber, solange dem nichts entgegensteht, auf eine wahrheitsgemäße Auskunft des erschienenen Elternteils vertrauen dürfen. Weitergehend ist eine echte

Kenntnisverschaffung von der vorliegenden Einwilligung auch des abwesenden Elternteils durch den Arzt unerlässlich, wenn es um schwierige und weit reichende Entscheidungen über die Behandlung des Kindes, die mit erheblichen Risiken für das Kind verbunden sind, geht (BGH NJW 1988, 2946).

Besondere Probleme bestehen dann, wenn es um die Heilbehandlung von Kindern mit selbst noch minderjährigen Eltern geht. Auch dies sind Fälle, die bei nicht deckungsgleichem Willen der zur Vertretung Befugten, im Zweifel das Familiengericht entscheiden muss. Zu beachten ist, dass die minderjährige Mutter den Behandlungsvertrag im eigenen Namen zugunsten des Kindes abschließt, so dass es hier auf die Genehmigung ihres! gesetzlichen Vertreters ankommt.

Problematisch ist ferner die Schweigepflicht des Arztes bei einwilligungsfähigen Minderjährigen. Streng genommen hätte der Arzt gegenüber den Eltern die Schweigepflicht zu wahren, obgleich diese den Behandlungsvertrag abschließen. Der Arzt sollte hier die Notwendigkeit der Entbindung von der Schweigepflicht unbedingt bedenken.

Abb. 16: Dreistufenlösung zur Minderjährigeneinwilligung

4.2.3 Mutmaßliche Einwilligung

§ 630c Abs. 1 Satz 4 regelt die Vorgehensweise bei dringenden Maßnahmen, vor denen keine Einwilligung des Patienten mehr eingeholt werden kann. Hier erlaubt das Gesetz die Durchführung der Maßnahme, soweit sie dem mutmaßlichen Willen des Patienten entspricht. Auf die obigen Ausführungen zur Bestimmung des mutmaßlichen Willens kann verwiesen werden.

4.2.4 Widerruf der Einwilligung

Klarstellend ist geregelt, dass die Einwilligung frei widerruflich ist. Selbstverständlich darf der Patient sich zu jedem Zeitpunkt hinsichtlich einer medizinischen Maßnahme umentscheiden.

4.3 Auf einen Blick: Zusammenfassung/Merkposten/To Dos

Einwilligungsfähigkeit

- ⓘ Einwilligungsfähigkeit ist die Kompetenz, Nutzen und Risiken eines Eingriffs zu begreifen und gegeneinander abwägen zu können.

- ⓘ Die Einwilligungsfähigkeit ist nicht (immer, aber meistens) deckungsgleich mit der Geschäftsfähigkeit (Fähigkeit am Rechtsverkehr teil zu nehmen)

- ⓘ Patientenrechtegesetz:
Der Arzt schuldet die sorgsame Beurteilung der Einwilligungsfähigkeit: Der Behandelnde muss sich davon überzeugen, dass der Patient die natürliche Einsichts- und Steuerungsfähigkeit besitzt und Art, Bedeutung, Tragweite und Risiken der medizinischen Maßnahme erfassen und seinen Willen hiernach ausrichten kann!

- ⚡ Grundsatz: Der volljährige Patient ist einwilligungsfähig!
Die Einwilligungsunfähigkeit muss der beweisen, der sich auf sie beruft!

Patientenverfügung

- ⓘ Die Patientenverfügung ist eine antizipative Einwilligung und enthält den im Zustand der Einwilligungsfähigkeit schriftlich niedergelegten Patientenwillen!

- ⓘ Verfahrensregeln zur Ermittlung des Patientenwillens:
    - Prüfungspflicht: Prüfung auf Übereinstimmung der (hinreichend konkreten!) Festlegungen mit der aktuellen Lebens- und Behandlungssituation des Patienten,
    - Erörterungspflicht: Prüfung und Erörterung zusammen mit dem Betreuer oder Vorsorgebevollmächtigten!
    - Anhörungspflicht: (Weiteren) Verwandten ist Gelegenheit zur Äußerung zu geben!

- ⚡ Bei Zweifeln an der Wirksamkeit der Patientenverfügung oder an der Geltung der dort getroffenen Regelungen für den konkreten Fall:

Erforschung des mutmaßlichen Willens des Patienten anhand konkreter Anhaltspunkte für dessen subjektiven Willen.

Bspw. Äußerungen ggü. Verwandten, anderweitige schriftliche Aufzeichnungen

Minderjährige

ⓘ Beurteilung der Reichweite der Einwilligungsfähigkeit: entscheidend ist die behandlungsspezifische natürliche Einwilligungsfähigkeit

ⓘ Gesetzlicher Vertreter des Minderjährigen: BEIDE Elternteile

ⓘ Einwilligungsfähige Minderjährige: Außerhalb von Bagatellbehandlungen ist zusätzlich die Einwilligung der Eltern weiterhin erforderlich!

⚡ Unterscheide:
 – Routineeingriffe: Einwilligung durch den anwesenden Elternteil ausreichend
 – Medizinische Maßnahmen mit nicht unbedeutenden Risiken: Nachfrage zur Vertretungssituation: Handelt der anwesende Elternteil in Vertretung des abwesenden Elternteils?
 – Eingriffe mit möglicherweise weit reichenden Konsequenzen und erheblichen Risiken: Gewissheit über die Zustimmung beider Elternteile bzw. Sorgeberechtigten vor dem Eingriff zu verschaffen!

⚡ Trotz Einwilligung der Eltern keine medizinisch/ethisch nicht vertretbaren Eingriffe!

Hier und bei sich widersprechenden Ansichten von Eltern und Minderjährigen mit Vetorecht (Stichworte: Schwangerschaftsabbruch, Beschneidung, Schönheitsoperationen):
 – Patientenrechtegesetz: keine Lösung!
 – Im Konfliktfall: Familiengericht muss entscheiden!
 – Im Notfall: Notstandsrechtfertigung der Maßnahme

Mutmaßlicher Wille

ⓘ Ermittlung der persönlichen Umstände des Betroffenen, seiner individuellen Interessen, Wünsche, Bedürfnisse und Wertvorstellungen

ⓘ Objektive Kriterien sind für die Ermittlung des mutmaßlichen Willens nur insoweit relevant wie sie versubjektiviert werden können, also davon auszugehen ist, dass sich dieser Patient den objektiven Kriterien nicht verschlossen hätte!

NEU! Patientenrechtegesetz!:

Unterlagen, die der Patient im Zusammenhang mit der Einwilligung unterzeichnet hat (also v. a. Aufklärungsbögen) sind ihm auszuhändigen!

Duplikate bereithalten!

Empfangnahme quittieren lassen!
(Zusatz auf Aufklärungsbogen, dass der Patient mit der Unterschrift auch die Empfangnahme einer Abschrift bestätigt!)

Kosten für Duplikat trägt Behandlungsseite!

5 Behandlungsbezogene Aufklärungspflichten – § 630e BGB

§ 630e BGB

(1) Der Behandelnde ist verpflichtet, den Patienten über sämtliche für die Einwilligung wesentlichen Umstände aufzuklären. Dazu gehören insbesondere Art, Umfang, Durchführung, zu erwartende Folgen und Risiken der Maßnahme sowie ihre Notwendigkeit, Dringlichkeit, Eignung und Erfolgsaussichten im Hinblick auf die Diagnose oder die Therapie. Bei der Aufklärung ist auch auf Alternativen zur Maßnahme hinzuweisen, wenn mehrere medizinisch gleichermaßen indizierte und übliche Methoden zu wesentlich unterschiedlichen Belastungen, Risiken oder Heilungschancen führen können.

(2) Die Aufklärung muss
1. mündlich durch den Behandelnden oder durch eine Person erfolgen, die über die zur Durchführung der Maßnahme notwendige Ausbildung verfügt; ergänzend kann auch auf Unterlagen Bezug genommen werden, die der Patient in Textform erhält,
2. so rechtzeitig erfolgen, dass der Patient seine Entscheidung über die Einwilligung wohlüberlegt treffen kann,
3. für den Patienten verständlich sein.
Dem Patienten sind Abschriften von Unterlagen, die er im Zusammenhang mit der Aufklärung oder Einwilligung unterzeichnet hat, auszuhändigen.

(3) Der Aufklärung des Patienten bedarf es nicht, soweit diese ausnahmsweise aufgrund besonderer Umstände entbehrlich ist, insbesondere wenn die Maßnahme unaufschiebbar ist oder der Patient auf die Aufklärung ausdrücklich verzichtet hat.

(4) Ist nach § 630d Absatz 1 Satz 2 die Einwilligung eines hierzu Berechtigten einzuholen, ist dieser nach Maßgabe der Absätze 1 bis 3 aufzuklären.

(5) Im Fall des § 630d Absatz 1 Satz 2 sind die wesentlichen Umstände nach Absatz 1 auch dem Patienten entsprechend seinem Verständnis zu erläutern, soweit dieser aufgrund seines Entwicklungsstandes und seiner Verständnismöglichkeiten in der Lage ist, die Erläuterung aufzunehmen, und soweit dies seinem Wohl nicht zuwiderläuft. Absatz 3 gilt entsprechend.

5.1 Selbstbestimmung des Patienten – Aufklärungsinhalt

Die ihm grundrechtlich (allgemeines Persönlichkeitsrecht – Art. 1 Abs. 1 i. V. m. Art. 2 Abs. 1 GG) garantierte freie Entscheidung, inwieweit er über die mit einer Behandlung betroffenen Rechtsgüter (Leben, Körper, Gesundheit, Freiheit) verfügt, kann der Patient nur nach ärztlicher Aufklärung über Chancen und Risiken der vorgeschlagenen Maßnahmen treffen. Die Pflicht des Arztes zur sog. Selbstbestimmungsaufklärung ist entsprechend als eine vertragliche Hauptpflicht des Behandlungsvertrages ausgestaltet.

§ 630e Abs. 1 BGB bildet die hierzu geltende Rechtsprechung ab, die die Aufklärung grob in Risiko-, Diagnose- und Verlaufsaufklärung aufteilt.

Als im Einzelnen hiervon umfasst anzusehen ist seit jeher die Information des Patienten über den ärztlichen Befund, über Art, Tragweite, Dringlichkeit, voraussichtlichen Verlauf und Folgen des Eingriffs, über Art und konkrete Wahrscheinlichkeit der verschiedenen Risiken, Heilungschancen, über alternative Behandlungsformen und über die Folgen einer Nichtbehandlung (Katzenmeier, Arzthaftung 2002, S. 326).

Dies greift das Gesetz mit etwas abweichender Formulierung in § 630e Abs. 1 Satz 2 BGB im Wesentlichen auf. Einzelpunkte, über die aufzuklären ist, werden dabei in Abs. 1 Satz 2 nicht abschließend aufgezählt. Welche Umstände „wesentlich" sind, ist daher im konkreten Einzelfall zu beurteilen.

Dabei sind „für die Einwilligung wesentliche Umstände" alle, die der Patient zur gewissenhaften und selbstbestimmten Entscheidung benötigt. Fehlt auch nur ein solchermaßen wesentlicher Umstand, ist die Aufklärung fehlerhaft, was wiederum bedeutet, dass die erteilte Einwilligung nicht wirksam und damit die medizinische Maßnahme rechtswidrig ist.

Im Einzelnen sind dies insbesondere Informationen zu den folgenden Merkmalen der medizinischen Maßnahme und der Behandlung:

5.1.1 Diagnoseaufklärung

Befund
Die Mitteilung des ärztlichen Befundes ist Ausgangspunkt der Behandlung. Die Information darüber, die sog. Diagnoseaufklärung, hat eine Selbstbestimmungs- wie eine therapeutische Komponente. So ist die Kenntnis der Diagnose einerseits Voraussetzung für die Entscheidung, ob und wie das Leiden oder die Verletzung behandelt werden soll, andererseits hat der Patient erst durch diese Kenntnis die Möglichkeit, seine Lebensumstände und -gewohnheiten ggf. an der Gesundheitsstörung auszurichten und sich „heilungsfördernd" zu verhalten.

Diagnose i. w. S.
Der Patient ist ferner während der gesamten Behandlung über „neue Diagnosen", also den Stand des Heilungsverlaufs, vor allem über festgestellte oder auch nur zu befürchtende (neue) Komplikationen, zu informieren, soweit darauf in besonderer Weise reagiert werden muss und dafür eine (erneute) Einwilligung des Patienten einzuholen ist.

Verdachtsdiagnose
Dem Patienten muss auch mitgeteilt werden wie „sicher" die Diagnose ist (OLG Frankfurt/Main VersR 1996, 101).

Eine gestellte Diagnose muss im Hinblick auf weitere differential-diagnostisch in Erwägung zu ziehende Alternativen gesichert sein, bevor eine Behandlung begonnen werden kann. Lässt sich aufgrund der vorhandenen Erkenntnisgrundlagen noch keine gesicherte Diagnose in diesem Sinne stellen, so muss der Patient eben genau darüber aufgeklärt werden, da die Entscheidungsgrundlage im Vergleich zu einer sicheren Diagnose verändert ist.
Wird dem Patienten eine bloße Verdachtsdiagnose als gesichert dargestellt, so ist dessen Einwilligung mangelhaft.

Auch ist die Darstellung einer Behandlungsmaßnahme als relativ indiziert ist keine Aufklärung über eine unklare Diagnose (OLG Koblenz MedR 2011, 512).

5.1.2 Aufklärung über Art, Umfang und Durchführung der Maßnahme

Hier wird die medizinische Maßnahme als solche erklärt. Wie heißt sie; welcher Art sind die einzelnen Behandlungselemente, die auf den Patienten zu kommen. Die Information muss die Vorgehensweise und die damit verbundenen Belastungen im Groben und Ganzen für einen Laien machen.

5.1.3 Risiko- und Verlaufsaufklärung

Die Risikoaufklärung bezweckt, den Patienten über Schadensrisiken, wie Komplikationen und schädliche Nebenfolgen eines Eingriffs bzw. einer Behandlung zu unterrichten, die auch bei Beachtung der gebotenen Sorgfalt und fehlerfreier ärztlicher Behandlung nicht immer vermeidbar sind.

Erfasst werden dabei alle Risiken, die nach dem medizinischen Erfahrungsstand im Zeitpunkt der Behandlung im Zusammenhang mit der Behandlungsmaßnahme bzw. Therapie bekannt sind (BGH VersR 1990, 522 – mindestens ernsthafte Hinweise auf diese Risiken, sei es auch in fremdem Fachgebiet) oder zumindest allgemeine, schon aus anatomischen Gründen, nie auszuschließende Risiken sind, wenn sie bei der Maßnahme auch noch nie aufgetreten sind (BGH MedR 2011, 242 – Querschnittslähmungsrisiko).

Dabei soll und kann die Aufklärung kein medizinisches Entscheidungswissen vermitteln, sondern sie muss dem Patienten („nur") eine Vorstellung von Art und Schwere des Eingriffs/der Behandlung geben, damit er einschätzen kann, was der Eingriff oder die angestrebte medizinische Behandlung für seine persönliche Situation bedeuten kann.

Erforderlich, aber auch genügend, ist daher eine Aufklärung „im Großen und Ganzen" ohne medizinisch exakte Risikobeschreibung.

Wichtig: Für die Vermittlung eines realistischen Bildes von den Risiken des Eingriffs ist auch dann auf weniger schwerwiegende Risiken einzugehen, wenn eine Einwilligung in das schwerste Risiko vorliegt (BGH MedR 2008, 289).

Die Verlaufsaufklärung bezweckt demgegenüber, dem Patienten das Wesen eines Eingriffs „im Großen und Ganzen" zu erläutern und ihm zu verdeutlichen, wie seine Krankheit verläuft, wenn er den Eingriff verweigert.

> **Außergewöhnliches Risiko**

Im Rahmen der Risikoaufklärung muss über eine außergewöhnliche und nicht vorhersehbare Folge des Eingriffs, die für den Entschluss des Patienten, ob er in die Operation einwilligt, keine Bedeutung haben kann, nicht aufgeklärt werden (etwa BGHZ 106, 391, 396 – tödliche Sepsis nach Kortisoninjektion in Schulter). Als außergewöhnlich kann das Risiko dann gelten, wenn die Folge nur vereinzelt beobachtet worden ist und als spezifisches Risiko des Eingriffs in der medizinischen Literatur, z.B. in einschlägigen Handbüchern, nicht beschrieben wird, wenngleich sich das Risiko nicht ganz ausschließen lässt.

> **Spezifisches, aber seltenes Risiko**

Ist ein bestimmtes Risiko für den Eingriff durchaus spezifisch und würde bei seiner Verwirklichung die Lebensführung des Patienten besonders belasten, dann ist darüber auch dann aufzuklären, wenn es selten, sogar extrem selten, zu einer Risikoverwirklichung kommt. (dazu: BGH NJW 2000, 1784 – Schadenshäufigkeit ca. 1: 5 Mio.; OLG Koblenz NJW 1990, 1540; zu verharmlosenden Äußerungen vgl. OLG Koblenz v. 12.01.2010 – 5 U 967/09)

> **Allgemeine Risiken**

Über allgemeine Risiken, die einem Eingriff anhaften und als allgemein bekannt gelten können wie etwa Narbenbildung nach operativen Eingriffen, Nachblutungen, Schwellungen, auch Wundinfektionen u. ä., braucht in der Regel nicht besonders aufgeklärt zu werden (BGH NJW 1994, 2414; Aufklärungsvordrucke enthalten hier aber regelmäßig Hinweise). Hier kommt es aber nicht isoliert auf die Einstufung des Risikos als „allgemein" an, sondern entscheidend ist der Einzelfall und damit der Erfahrungs- und Wissenshorizont des Patienten, soweit sich dieser dem Arzt erschließt bzw. erschließen muss.

Es besteht also immer eine Aufklärungspflicht, wenn sich der Patient der allgemeinen Risiken ersichtlich nicht bewusst ist (BGH VersR1986, 342).

> **Verlaufsabhängige Risiken/Risikoketten/Eingriffserweiterungen**
Eine Aufklärung über hypothetische Verläufe des Eingriffs schuldet der behandelnde Arzt regelmäßig nicht. Jede entfernt liegende Möglichkeit der Verschlechterung des Allgemeinzustandes des Patienten nach der Operation in Betracht zu ziehen (dazu OLG Naumburg ArztR 2005, 274) oder die möglichen Eingriffserweiterungen, Reaktionsmöglichkeiten auf etwaige hypothetische Komplikationen und die sich hieraus ergebenden Risiken im Detail aufzuzählen, wäre unnötige Übermaßaufklärung. Ein Hinweis auf spezielle Risiken von Eingriffserweiterungen bzw. Reaktionen auf Komplikationen ist aber dann notwendig, wenn die Eintrittswahrscheinlichkeit aufgrund der besonderen Befindlichkeit des Patienten, beispielsweise aufgrund von Voroperationen im Operationsgebiet, besondere Risiken (z. B. Erhöhung der Gefahr von Nervenschädigungen) erhöht ist (OLG Karlsruhe v. 28.11.2001 – 7 U 114/99) oder wenn nur eine zweifelhafte Operationsindikation mit hohem Fehlschlagrisiko vorliegt, der Patient aber aufgrund besonderen Leidensdrucks unbedingt „irgendetwas tun" will (BGH VersR 1980, 1145). Hier muss auch auf sich aus der Realisierung von Risiken ergebende weitere Komplikationen hingewiesen werden.

5.1.4 Aufklärung über die Erfolgsaussichten

Die Selbstbestimmungsaufklärung umfasst auch eine ausreichende Aufklärung über die Erfolgsaussichten des beabsichtigten Eingriffs, also das Risiko eines schlechten postoperativen Ergebnisses (BGH v. 16.11.2004 – VI ZR 28/04; VersR 1988, 439). Sie ist mit der gleichen Intensität zu leisten wie die Risikoaufklärung.

Je weniger dringlich der Eingriff indiziert ist, umso gründlicher hat die Erörterung eines möglichen Misserfolgs zu erfolgen, insbesondere wenn die Ausgangssituation schon eher schwierig ist. Das Misserfolgsrisiko muss nicht mit konkreten Prozentzahlen unterlegt werden. Es ist zulässig die geschuldete Aufklärung über das Misserfolgsrisiko mit dem ergänzenden Zusatz zu versehen, das Risiko habe sich bei diesem konkreten Operateur noch nie verwirklicht. Das darf bei dem Patienten allerdings nicht den Eindruck erwecken, in seinem Fall sei ein Misserfolg ausgeschlossen, weshalb man mit diesen Aussagen vorsichtig sein sollte.

5.1.5 Medizinische Notwendigkeit/Indikation

Das Gesetz verlangt die Aufklärung über die Notwendigkeit der medizinischen Maßnahme. Damit ist die Indikation angesprochen. Dies spielt für den Umfang der Aufklärung eine besondere Rolle, was dem Gesetzestext allein nicht anzusehen ist.

Grundsätzlich gilt, wie bereits zur Misserfolgsquote beschrieben: Je weniger ein ärztlicher Eingriff medizinisch geboten ist, umso ausführlicher und eindrücklicher ist der Patient, dem dieser Eingriff angeraten wird oder den er selbst wünscht, über dessen Erfolgsaussichten und etwaige schädliche Folgen zu informieren (BGH NJW 1991, 2349). Diese Thematik betrifft insbesondere die wunscherfüllende Medizin.

„Ästhetische und kosmetische Chirurgie"
Für Eingriffe, die allein der individuellen Veränderung des äußeren Erscheinungsbildes ohne physischen oder psychischen Krankheitswert dienen und damit ohne medizinische Indikation vorgenommen werden, hat die Rechtsprechung besonders strenge Aufklärungsanforderungen formuliert. Das Patientenrechtegesetz führt hier zu keinen Änderungen. Der BGH sieht den Arzt schon bei nur in Teilen nicht indizierter Behandlung in besonderer Verantwortung, dies gilt etwa auch für die fremdnützige Blutspende (vgl. BGH MedR 2006, 588).

Schon die kombiniert ästhetischen Eingriffe lösen deshalb eine strengere Aufklärungspflicht des Arztes aus und so muss der Patient insbesondere darüber unterrichtet werden, welche Verbesserungen er günstigstenfalls erwarten und was im Misserfolgsfall ggf. als bleibende Entstellung drohen kann, selbst wenn solche Folgen nur entfernt in Betracht kommen.

5.1.6 Dringlichkeitsaufklärung

Zur ordnungsgemäßen Aufklärung gehört auch die zutreffende Information darüber, wie dringlich der Eingriff ist (BGH NJW 1990, 2928). Der Patient muss erfahren, ob nach medizinischer Erkenntnis z. B. eine sofortige Operation zur Verhinderung schwerer Gesundheitsgefahren angezeigt ist oder ob er noch und ggf. wie lange, zuwarten kann, um sich nach seinen Lebensumständen und Bedürfnissen seinen Entschluss gründlich zu überlegen, ggf. eine Zweitmeinung einzuholen oder sich für einen anderen Operateur oder ein anderes Krankenhaus, in dem die Operation durchgeführt werden soll, zu entscheiden. Besondere Aufklärung ist selbstverständlich dann gefordert, wenn zur Abklärung einer ggf. sofortiges medizinisches Einschreiten gebietenden Diagnose eine weitere Untersuchung notwendig ist. Auf deren Dringlichkeit muss deutlich hingewiesen werden (BGH NW 1997, 3090).

5.1.7 Alternativaufklärung – Relativ indizierte Eingriffe

§ 630f Abs. 1 Satz 2 BGB enthält die Definition der BGH-Rechtsprechung zum Umfang der sog. „Alternativaufklärung".

Die Wahl der Behandlungsmethode ist primär Sache des Arztes (Therapiefreiheit, vgl. u.a. BGH NJW 2006, 2377). Gibt es aber mehrere medizinisch gleichermaßen indizierte und übliche Behandlungsmethoden, die wesentlich unterschiedliche Risiken und Erfolgschancen aufweisen, besteht im Hinblick auf diese echte Wahlmöglichkeit für den Patienten die Pflicht zur entsprechend vollständigen ärztlichen Aufklärung über diese Alternativen. Es muss dem Patienten die Entscheidung überlassen bleiben, auf welchem Wege die Behandlung erfolgen soll und auf welches Risiko er sich einlassen will. Auch dies gehörte immer schon zur Selbstbestimmungs-, nicht zur bloßen Sicherungsaufklärung.

Bei der Alternativaufklärung geht es vor allem um Wahlmöglichkeiten in den folgenden Fällen:

Alternativen

> **Mehrere Standardmethoden**

Der klassische Fall einer die Alternativaufklärung auslösenden nur relativen Indikation ist der, den die Vorschrift anspricht: Es gibt für eine medizinisch sinnvolle und indizierte Therapie mehrere anerkannte und gleichwertige Behandlungsmöglichkeiten, die zu jeweils unterschiedlichen Belastungen des Patienten führen oder unterschiedliche Risiken und Erfolgschancen bieten. Hier muss der Patient an der Therapiewahl beteiligt werden

Dabei ist es für die „Ablösung" einer Standardbehandlung im invasiven Bereich nicht ausreichend, dass gewichtige Stimmen für ein neues Verfahren plädieren, wenn sich die neue Methode noch nicht so durchgesetzt hat, dass sie vor allem alle klinischen Erprobungsstadien durchlaufen hat (OLG Nürnberg MedR 2002, 29).

Genauso wenig ist besondere Aufklärung geboten, wenn die Unterschiede zwischen den in Betracht kommenden Methoden so gering sind, dass sie für einen vernünftigen Durchschnittspatienten im Allgemeinen von untergeordneter Bedeutung sind.

> **Sicherheitseingriffe**

Bei den „Sicherheitseingriffen" geht es um unklare Indikationen. Hier hängt die Behandlung letztlich vom persönlichen Sicherheitsbedürfnis („Vorsorgeeingriff bei Krebsverdacht oder Zuwarten") des Patienten ab. Das Selbstbestimmungsrecht ist nur dann gewahrt, wenn er darauf hingewiesen wird, dass und mit welchem Risiko auch ein Aufschieben oder gänzliches Unterlassen der Operation möglich ist.

› Symptom- statt Ursachenbehandlung

Ob eine Behandlungsmaßnahme überhaupt durchgeführt werden soll, unterliegt selbstverständlich auch dann der selbstbestimmten Entscheidung des Patienten, wenn die Behandlung absolut oder gar vital indiziert ist.

Der BGH hat auch die Aufklärung über die Folgen eines zunächst abwartenden Vorgehens, das allenfalls Schmerzsymptomatik „behandelt" in die Fallgruppe der Aufklärung über Behandlungsalternativen aufgenommen.

› Ambulante oder stationäre Operation

Ob im Einzelfall eine echte Wahlmöglichkeit zwischen beiden Durchführungsarten besteht, ist anhand der konkreten Umstände zu entscheiden. Indikationslisten für ambulante Operationen sind haftungsrechtlich Anhalt für sorgfaltsgemäßes bzw. pflichtwidriges Verhalten; entscheidend bleibt aber der Einzelfall. Ergeben sich keine Besonderheiten ist der Patient an der Entscheidung zu beteiligen. Ihm müssen dabei neben den dem Eingriff anhaftenden Risiken im Besonderen die Risiken, die sich im Zusammenhang mit der ambulanten Durchführung (etwa: eingeschränkte postoperative Kontrolle, Notwendigkeit der Verlegung in ein Krankenhaus bei unerwarteten Zwischenfällen u. ä.) ergeben, aufgezeigt werden (vgl. Bonvie MedR 1993, 43, 49).

Keine Alternative

› Standardmethode oder Erprobungsverfahren

Erprobungsverfahren müssen, soweit sie eben die Standardmethode noch nicht abgelöst haben, nicht vorgestellt und zur Wahl gestellt werden, wenn die (noch) übliche Methode angewendet werden soll. Anderes muss gelten, wenn der Patient gezielt nach solchen Erprobungsverfahren fragt oder sich aus der Spezifität des konkreten Falls ergibt, dass sich hier gerade eine Behandlungsmethode in einer „erprobenden" Spezialklinik „aufdrängt".

› Verschiedene Entbindungsmethoden

Zur Alternative „Kaiserschnitt":
Wenn bei einer vaginalen Geburt dem Kind ernstzunehmende Gefahren drohen, muss, sobald sich eine Entwicklung zur Entscheidungssituation konkret abzeichnet, ohne dass sie schon zwingend wäre, auf die Möglichkeit der Sectio hingewiesen werden.

› Wechsel der Methode

Ein Wechsel der Methode erfordert immer die Einbeziehung des Patienten, denn er hat nur in die ursprünglich geplante Maßnahme eingewilligt (OLG BRB MDR 2010, 1324; OLG Koblenz VersR 2010, 770).

Abb. 17: Aufklärungsinhalt

5.2 Formelle Anforderungen an die Aufklärung

§ 630e Abs. 2 Satz 1 BGB regelt die formellen Anforderungen an eine ordnungsgemäße Aufklärung. Sie muss mündlich erteilt werden, rechtzeitig und verständlich sein.

5.2.1 Mündlichkeit

Die Mündlichkeit meint wie bisher das Erfordernis eines persönlichen Aufklärungsgesprächs. Nicht ausgeschlossen ist entsprechend einer recht jungen BGH Entscheidung (BGH v. 15.6.2010 - VI ZR 204/2009) eine fernmündliche Aufklärung in einfach gelagerten Fällen. Unterlagen ersetzen nie das Gespräch, auf sie kann lediglich ergänzend Bezug genommen werden. Verwendete Aufklärungsunterlagen sind neuerdings dem Patienten zu übergeben. In der Regel unterzeichnet der Patient das, ggf. ergänzte, Formular, so dass dieses dann dem Patienten auszuhändigen ist. Zudem sind von allen zur Aufklärung verwendeten Unterlagen Kopien an den Patienten zu übergeben.

Hierzu empfiehlt es sich, in die Verwaltungsabläufe die Übergabe dieser Unterlagen routinemäßig einzubauen, um die nachprüfbare Erledigung dieser Verpflichtung sicher zu stellen. Die Übergabe sollte (bei den Aufklärungsbögen durch entsprechenden, mit zu unterzeichnenden Zusatz) quittiert werden. Oftmals wird sich empfehlen, die Dokumente für den Patienten während seines Krankenhausaufenthaltes zu verwahren. Das Einverständnis bzw. die entsprechende Bitte des Patienten sollte gleichfalls vermerkt werden. Rechtlich ist es nämlich ein Unterschied, ob „nicht herausgegeben" oder „herausgegeben, aber nun verwahrt" wird.

5.2.2 Person des Aufklärenden

Nachdem in anfänglichen Gesetzesentwürfen gefordert worden war, dass der die Maßnahme vornehmende Behandelnde die Aufklärung vornehmen müsse, bestimmt § 630e Abs. 2 Nr. 2 BGB nun, dass der Aufklärende über die zur Durchführung der Maßnahme notwendige Ausbildung verfügen muss. Damit muss er die Maßnahme tatsächlich nicht unbedingt beherrschen, es ist ausreichend, dass er sie nach formalem Ausbildungsstand und Stellung ausführen können sollte. Kurz: Aufklären muss der Arzt!

Die Regelung ist nicht zwingend. Das Interesse des Patienten geht dahin, korrekt und umfassend aufgeklärt zu werden, also sollte das jeder machen dürfen, der dies gewährleisten kann. Es ist auch nicht ersichtlich, welche Folgen sich an eine korrekte Aufklärung durch eine „falsche" Aufklärungsperson knüpfen lassen sollen. Allerdings ist im Prozess, in dem ein Aufklärungsfehler behauptet wird, im Fall eines feststehenden Einsatzes einer „falschen" Aufklärungsperson davon auszugehen, dass der Beweis der inhaltlich trotzdem korrekten Aufklärung erschwert ist. Spricht eine lückenlose und korrekte Dokumentation der Aufklärung eigentlich für deren Korrektheit, so wird das Gericht dies bei einer „falschen" Aufklärungsperson nicht mehr so sehen.

Aus Gründen eines im Rahmen zu haltenden Zeitaufwandes, den auch die Rechtsprechung nicht ausblenden wird, kann das Aufklärungsgespräch durch andere Personen nebst Übergabe von Aufklärungsbögen vorbereitet werden, damit das persönliche Aufklärungsgespräch zwischen dem „zur Durchführung der Maßnahme ausgebildeten" Arzt dann insgesamt komprimierter ausfallen kann. Die „Absicherung" der Aufklärung erfolgt durch die Supervision der Abläufe durch den im Sinne des Gesetzes zur Aufklärung Verpflichteten und Befähigten.

5.2.3 Rechtzeitigkeit

§ 630e Abs. 2 Satz 1 Nr. 2 BGB betrifft die Rechtzeitigkeit der Aufklärung. Der Patient braucht eine angemessene Überlegungsfrist. Hier ergibt sich nichts Neues: Es ist in jedem Einzelfall der Zeitpunkt zu bestimmen, bis zu dem die Aufklärung vorgenommen sein muss, um noch eine wohl überlegte Entscheidung des Patienten vor Beginn der ärztlichen Maßnahmen zu gewährleisten.

Dabei wird aber auf übliche Zeitrahmen, wie sie die Rechtsprechung etwa für operative Eingriffe festgelegt hat ("Vortagsaufklärung") zurückzugreifen sein. Außerhalb von Notfällen sind Fristen unterhalb einer Stunde bei operativen Eingriffen auf jeden Fall zu knapp.

5.2.4 Verständlichkeit

Gemäß § 630e Abs. 2 Satz 1 Nr. 3 BGB muss die Aufklärung für den Patienten verständlich sein. Welche Anforderungen gelten bestimmt sich nach der Differenziertheit des Patienten. Aufklärungsadressat ist der, dessen Einwilligung für die Behandlung benötigt wird (siehe § 630d Abs. 1 Satz 2 BGB und nachfolgend zu § 630f Abs. 4 BGB). Verständlich heißt, dass die Aufklärung für den Patienten sprachlich und auch inhaltlich verständlich sein muss. Sie muss daher möglichst in Alltagssprache erfolgen und darf den Patienten nicht mit medizinischen Fachausdrücken überfordern. Sofern der Patient der deutschen Sprache nur eingeschränkt mächtig ist, ist sicherzustellen, dass dem Patienten die Aufklärung genügend gut übersetzt wird, z.B. durch Angehörige oder andere Personen. Im Zweifel ist ein Dolmetscher hinzuzuziehen, was allerdings nur veranlasst werden darf, wenn der Patient darüber informiert ist, dass er die Kosten dafür zu tragen hat. Lehnt er das ab, kann eine Aufklärung nicht ordnungsgemäß durchgeführt werden, so dass die medizinische Maßnahme in der Konsequenz mangels Einwilligung unterbleiben muss.

Zu beachten:
Der Arzt ist beweisbelastet dafür, dass der Patient die Aufklärung verstanden hat.
Es empfiehlt sich, bei psychisch auffälligen oder der deutschen Sprache nicht ausreichend mächtigen, gehörlosen Patienten hierzu Aufzeichnungen zu machen und – sofern möglich – Zeugen zum Aufklärungsgespräch hinzuzuziehen.

Problematisch ist die Aufklärung durch einen selbst der deutschen Sprache nur eingeschränkt mächtigen Arzt; hier sollte ein Muttersprachler hinzugezogen werden

Aufklärungsadressat bei gemeinsamem Sorgerecht für einen minderjährigen Patienten sind beide Elternteile, auch hier gelten aber die Regelungen über die Reichweite gegenseitiger Ermächtigung (BGH VersR 2007, 66):

› Alltägliche und leichte Erkrankung: Vertrauen auf Ermächtigung des präsenten Elternteils durch den nicht anwesenden Elternteil

› Erhebliche Erkrankungen mit nicht unbedeutendem Behandlungsrisiko: Ausdrückliche Rückfrage bei präsentem Elternteil
› Schwere Erkrankungen, Behandlung mit Risiken für die zukünftige Lebensführung: aktive Einholung der Zustimmung beider Elternteile

Wenn der Patient im Zusammenhang mit der Aufklärung oder Einwilligung Unterlagen unterzeichnet hat, so sind ihm davon gemäß § 630e Abs. 2 Satz 2 BGB Abschriften auszuhändigen. Hierauf besteht künftig ein (ggf. eigenständig einklagbarer) Rechtsanspruch.

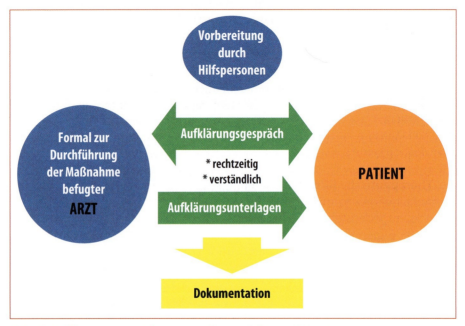

Abb. 18: Aufklärungsgespräch mit einwilligungsfähigem Patienten

5.2.5 Entbehrlichkeit der Aufklärung

Im Einzelfall kann eine Aufklärung aufgrund besonderer Umstände entbehrlich sein. Dabei sind verschieden Umstände denkbar, von denen das Gesetz lediglich beispielhaft die wohl häufigsten aufführt.

› **Unaufschiebbarkeit**
Eine medizinische Maßnahme kann derart dringlich sein, dass eine Aufklärung nur abgekürzt oder gar nicht mehr stattfinden kann. Es ist dann so vorzugehen, wie es dem mutmaßlichen Willen des Patienten entspricht (sind Angehörige zugegen: fragen!).

> **Verzicht**

In engen Grenzen kann der Patient auf seine umfassende Aufklärung verzichten. Das Selbstbestimmungsrecht gibt dem Patienten auch diese Freiheit. Da der Patient aber zumindest einschätzen können muss, auf was er verzichtet, ist Voraussetzung für einen wirksamen Verzicht, dass der Patient durchaus weiß, um welche Art Eingriff es sich handelt und dass dieser jedenfalls mit Risiken verbunden sein wird. An einen Verzicht sind daher hohe Anforderungen zu stellen.

Es kann jedenfalls im Einzelfall ausreichen, wenn nach einem Verzicht des Patienten auf weitere Details nur auf Nachfrage eingegangen wird.

Hiervon zu unterscheiden ist die ärztliche Übung, sich bei Unterzeichnung eines vorformulierten Aufklärungsbogens auch bestätigen zu lassen, dass der Patient „keine weiteren Fragen" mehr habe. Dies betrifft keinen Verzicht auf eine weitere, in dem Aufklärungsbogen nicht enthaltene Aufklärung, denn der Patient weiß ja nicht, ob dort Punkte fehlen, er bestätigt damit also keinesfalls, dass ihm die Aufklärung ausreicht, sondern lediglich, dass er zu genau dem, was dort erläutert ist, keine weiteren (vor allem Verständnis-)Fragen mehr hat.

> **Therapeutische Rücksichtnahme**

Die Aufklärung kann auch entbehrlich sein, soweit ihr erhebliche therapeutische Gründe entgegenstehen. Da das Selbstbestimmungsrecht des Patienten aber nur unter engen Voraussetzungen eingeschränkt werden darf, sind die Anforderungen an diese therapeutischen Gründe sehr streng. Bringt die umfassende Aufklärung eines Patienten das Risiko einer erheblichen (Selbst-)Gefährdung mit sich, so kann bzw. muss der Behandelnde aus therapeutischen Gründen ausnahmsweise von der Aufklärung Abstand nehmen beziehungsweise den Umfang der Aufklärung einschränken. Allerdings rechtfertigt allein der Umstand, dass der Patient nach der Aufklärung vielleicht eine medizinisch unvernünftige Entscheidung treffen könnte, noch keine Einschränkung oder gar den Wegfall der Aufklärungspflicht (BGH VersR 1980, 429).

Der Arzt muss unter Ausschöpfung aller Erkenntnisquellen eine Abwägungsentscheidung treffen.

5.3 Aufklärungsadressat bei einwilligungsunfähigen Patienten

§ 630e Abs. 4 BGB bestimmt, dass bei einwilligungsunfähigen Patienten der zur Einwilligung anstelle des Patienten Berufene Aufklärungsadressat ist. Entsprechend gelten auch alle Vorgaben zu Art, Umfang und Inhalt der Aufklärung dann im Verhältnis zum Einwilligungsbefugten. Auch hier kann es Situationen bei Eilmaßnahmen geben, die eine Aufklärung des den Patienten Vertretenden nicht mehr erlauben.

Ein Verzicht auf die Aufklärung kann bei einer betreuenden Person nicht ohne weiteres akzeptiert werden, wenngleich der Befürchtung, dass die aufzuklärende Person möglicherweise leichtfertig auf etwas verzichtet, weil es Rechtsgüter eines anderen betrifft, durchaus nicht mit einem „Verzichtsverbot" beizukommen ist. Wer auf eine Aufklärung leichtfertig verzichtet, wird eben auch im Übrigen kein wohl erwogene Entscheidung treffen und damit kann letztlich nicht der Arzt das Risiko einer nicht verantwortungsvoll handelnden Betreuungsperson ausschalten, nur weil er sie – entgegen ihrem Verzicht – dann doch aufklärt. Weil aber der Verzicht auf die Aufklärung durch einen anderen als den Patienten selbst vielfach als grundsätzlich unzulässig angesehen wird, sollte der Arzt hier sorgfältig dokumentieren, inwieweit trotz Verzichts aufgeklärt wurde und wie weit ggf. ein Verzicht durchaus ernst genommen werden konnte so etwa in Kombination mit der Auskunft, bereits aufgeklärt worden zu sein oder die medizinische Maßnahme aufgrund eigenen Sachverstandes beurteilen zu können.

Die therapeutische Rücksichtnahme als Hinderungsgrund für eine umfassende Aufklärung scheidet sachlogisch weitgehend aus, es sei denn die betreuende Person gibt Anlass für die Befürchtung, bestimmte dem Patienten zum Schutz vor Selbstgefährdung nicht in aller Deutlichkeit weiterzugebende Umstände zur Kenntnis zu bringen.

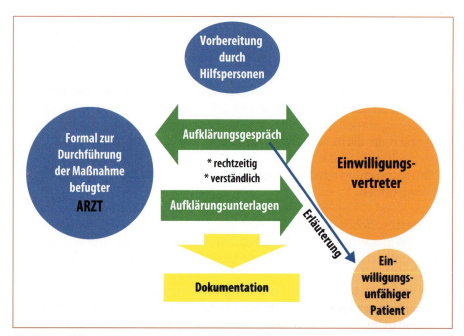

Abb. 19: Aufklärungsgespräch mit einwilligungsunfähigem Patienten

5.4 Erläuterungspflicht gegenüber dem Einwilligungsunfähigen

Sofern ein Dritter über die körperliche Integrität des Einwilligungsunfähigen verfügen kann, ist dies eine zwar rechtlich mögliche und gebotene Option, sie darf jedoch den Betroffenen nicht völlig „rechtlos" in dem Sinne stellen, dass er nicht dennoch verlangen kann, so weit als eben möglich, in die Vorgänge des Behandlungsgeschehens eingebunden zu werden. Das Gesetz verpflichtet den Behandelnden also zur (dem individuellen Wahrnehmungshorizont angepassten) Erläuterung gegenüber dem Betroffenen.

5.5 Rechtsfolgen bei Aufklärungsfehlern

Aufklärungsfehler sind Pflichtverletzungen des Behandlungsvertrages wie Behandlungsfehler. Vom Prinzip her ergibt sich also ein gleich laufender Haftungsumfang. Man trifft in der Praxis häufig auf die irrige Ansicht, eine nicht korrekte Aufklärung verpflichte ohne weiteres zu einer Haftung. Nur für was? Der „Schaden" im Zusammenhang mit Aufklärungsfehlern ist für den Laien komplizierter nachzuvollziehen als die Haftung für Behandlungsfehler. Auch medizinrechtlich gibt die Aufklärungspflichtverletzung als Persönlichkeitsrechtsverletzung und der sog. „Zurechnungszusammenhang" zwischen einem Schaden und einem Aufklärungsmangel immer wieder Anlass zur Überprüfung geltender Rechtsprechung.

5.5.1 Haftungsvoraussetzung: Körper- oder Gesundheitsschaden

Eine insgesamt medizinisch indizierte und erfolgreiche Behandlung ist kein Schaden (BGH NJW 1989, 1533). Eine Aufklärungspflichtverletzung ohne Gesundheitsschaden bleibt folgenlos.

Den Ansatz, die ärztliche Aufklärungspflicht von der Gesundheitsschädigung abgekoppelt zu betrachten und eine Geldentschädigung für die (folgenlose) Aufklärungspflichtverletzung zuzusprechen, hat das Patientenrechtegesetz nicht aufgegriffen.

Es bleibt daher dabei, dass sich ein Haftungsfall wegen eines Aufklärungsfehlers nur dann ergibt, wenn die Pflichtverletzung zu einem Gesundheits- oder Körperschaden geführt hat (sich insbesondere Behandlungsrisiken realisiert haben).

Zudem müssen diese Folgen der konkreten (Aufklärungs-)Pflichtverletzung auch zurechenbar sein. Dann haftet der Behandelnde auf Schadensersatz und Schmerzensgeld.

5.5.2 Haftungsvoraussetzung: Zurechnungszusammenhang zwischen Aufklärungsfehler und Behandlungsergebnis

Grundsätzlich besteht ein Zurechnungszusammenhang zwischen dem Aufklärungsfehler und allen Folgen, die mit dem Eingriffsrisiko zusammenhängen (BGH NJW 1989, 514).

Ohne genügende Aufklärung liegt damit das volle Misserfolgsrisiko (das Risiko für die gesundheitsschädigenden Folgen des Misserfolgs wegen Aufklärungsmangels zu haften) auf Behandlungsseite.

Dies gilt insbesondere, wenn dem Arzt der Vorwurf der fehlenden Grundaufklärung gemacht werden muss. Fehlt es an der erforderlichen Grundaufklärung über Art und Schweregrad eines ärztlichen Eingriffs, so entfällt die Haftung des Arztes für das Aufklärungsversäumnis selbst dann nicht, wenn sich nur ein Risiko verwirklicht, über das der Arzt den Patienten gar nicht aufzuklären brauchte (BGH NJW 1996, 777).

Dieser Grundaufklärung ist nur dann Genüge getan, wenn dem Patienten ein zutreffender Eindruck von der Schwere des Eingriffs und von der Art der Belastungen vermittelt wird, die für seine Integrität und Lebensführung auf ihn zukommen können. Unerlässlich ist, dass der Patient einen Hinweis auf das schwerste, möglicherweise in Betracht kommende Risiko erhalten hat.

Nur in wenigen, teils nicht unumstrittenen Fällen entfällt eine Haftung für Aufklärungsfehler trotz Körper- bzw. Gesundheitsschaden, so etwa wenn sich lediglich ein einzelnes Behandlungsrisiko verwirklicht hat und genau über jenes auch korrekt aufgeklärt worden ist, wenngleich über ein anderes Risiko nicht informiert wurde, dieses sich aber auch nicht realisiert hat. Hier hat der Patient in Kenntnis des sich später realisierenden Risikos in den Eingriff eingewilligt und es ist jetzt nicht möglich, dass der Patient die Haftung des Arztes an die (anderweitige) Aufklärungspflichtverletzung knüpft, die folgenlos blieb (BGH NJW 2000, 1784).

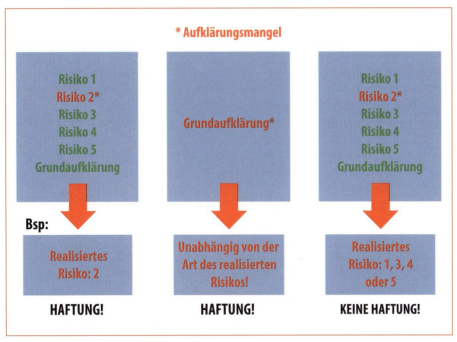

Abb. 20: Haftung wegen Aufklärungsfehlers

Patientenrechtegesetz

5.6 Auf einen Blick: Zusammenfassung/Merkposten/To Dos

Aufklärungsinhalt

ⓘ Wortlaut Patientenrechtegesetz:
- Art, Umfang und Durchführung
- Folgen und Risiken
- Notwendigkeit und Dringlichkeit
- Eignung und Erfolgsaussichten
- Alternativen

im Hinblick auf die Diagnose oder die Therapie.

ⓘ Diagnoseaufklärung:
Befund/Diagnose im weiteren Sinne (Heilungsverlauf, Komplikationen)/ Änderungen der Diagnose/Verdachtsdiagnosen, soweit sich daran Entscheidungen knüpfen

ⓘ Risiko- und Verlaufsaufklärung
Erläuterung der Maßnahme im Groben und Ganzen/Mögliche, auch seltene, Gesundheitsrisiken/schädliche Nebenfolgen

ⓘ Aufklärung über Erfolgsaussichten/Angaben zur realistischen Einschätzung des Misserfolgsrisikos

ⓘ Aufklärung über die Notwendigkeit = medizinische Indikation

ⓘ Dringlichkeit: auf die Bedürfnisse des Patienten abgestimmte Information über die Gefahren eines Zuwartens mit der medizinischen Maßnahme

💥 Nicht medizinisch indizierte Eingriffe (wunscherfüllende Medizin): Schonungslose Aufklärung, insbesondere über Misserfolgsrisiko, auch schon bei in Teilen nicht medizinisch indizierter Behandlung

ⓘ Alternativaufklärung:
Patientenrechtegesetz normiert ausdrücklich die Inhalte der Rechtsprechung zur Alternativaufklärung

Aufklärung über Behandlungsalternativen, wenn die Maßnahmen
- gleichermaßen medizinisch indiziert
- wesentlich unterschiedliche Risiken und Erfolgschancen

ⓘ Fälle für Alternativaufklärung:
- mehrere Standardmethoden
- mehrere Operationstechniken oder Anästhesieverfahren
- ambulante oder stationäre Behandlung
- Konservatives oder invasives Vorgehen
- Verschiedene Entbindungsmethoden ab dem Zeitpunkt, in welchem sich eine Entscheidungssituation abzeichnet (Sicherheits-Kaiserschnitt)

Art und Weise der Aufklärung

ⓘ Grundsatz der Mündlichkeit! Aufklärungsgespräch!

💥 Neu: Unterzeichnete Aufklärungsbögen sind dem Patienten auszuhändigen!! Übergabe quittieren lassen!

💥 Neu: Aufklärung nur durch eine zur Durchführung der medizinischen Maßnahme ausgebildete Person!

Bei korrekter Aufklärung und „falscher" Aufklärungsperson keine unmittelbaren Folgen!

Im Streitfall: Korrekte Aufklärung durch „falsche" Aufklärungsperson schwerlich beweisbar!

Praxistipp

Aufklärungsvorbereitung durch sachkundige Hilfspersonen, Aufklärungsgespräch durch zur Maßnahme befugte Person! Sorgsame Dokumentation!

ⓘ Rechtzeitige Aufklärung:
Ausreichende individuell angepasste Überlegungsfrist!
Mindestens Vortags-Aufklärung bei Operationen!
Überlegungsfristen unter einer Stunde außerhalb von Notfällen idR zu kurz!

- ⓘ Aufklärung entbehrlich:
    - bei Unaufschiebbarkeit der Maßnahme
    - bei Verzicht (eindeutig und nach Einsicht zumindest in die Tragweite der Verzichtsentscheidung! Dokumentation!)
    - Therapeutische Rücksichtnahme (enge Grenzen! Dokumentation der der Abwägungsentscheidung zugrunde liegenden Umstände!)

- ⓘ Neu: Erörterungspflicht mit dem einwilligungsunfähigen Patienten im Rahmen seiner Wahrnehmungs- und Rezeptionsfähigkeit!

- Rechtsfolge bei Aufklärungspflichtverletzung:
    - Misserfolgsrisiko liegt auf Behandlungsseite!
    - Ersatzpflicht für jede zurechenbare Risikoverwirklichung!
    - Im Regelfall keine Zurechenbarkeit, wenn sich nicht das Risiko verwirklicht hat, über das mangelhaft aufgeklärt wurde, sondern eines, über das korrekt aufgeklärt wurde!

Absolut unabdingbar ist die sog. Grundaufklärung: Der Patient muss zumindest Art und Schwere des Eingriffs einigermaßen realistisch einordnen können („wissen, worauf er sich einlässt"), sich insbesondere über die mögliche schwerste Folge, im Klaren sein!

Versäumnisse bei der Grundaufklärung lösen die Zurechenbarkeit ALLER Folgen selbst dann aus, wenn sich ein Risiko verwirklicht, über das konkret eigentlich nicht aufzuklären war!

Dokumentation der Aufklärung

- Neu: Dokumentationspflicht der Aufklärung! Umfang noch unbestimmt – siehe § 630 f BGB

Praxistipp Dokumentation

Checklisten-Dokumentation entsprechend Mindestumfang entspr. § 630e BGB (siehe Abb. 21)!

BEHANDLUNGSMASSNAHME:
- Art? ☒
- Umfang? ☒
- Durchführung? ☒
- Folgen? ☒
- Risiken? ☒
- Notwendigkeit? ☒
- Dringlichkeit? ☒
- Eignung? ☒
- Erfolgsaussichten? ☒
- Alternativen? ☒

Datum des Aufklärungsgesprächs? ☒

Besonderheiten? ☒
- Bsp: Verzicht/Aufklärungsadressat/Dolmetscher?

Abb. 21: Checkliste: Dokumentation der Aufklärung

6 Die Patientenakte – Dokumentation der Behandlung – § 630f BGB

> **§ 630f**
>
> (1) Der Behandelnde ist verpflichtet, zum Zweck der Dokumentation in unmittelbarem zeitlichen Zusammenhang mit der Behandlung eine Patientenakte in Papierform oder elektronisch zu führen. Berichtigungen und Änderungen von Eintragungen in der Patientenakte sind nur zulässig, wenn neben dem ursprünglichen Inhalt erkennbar bleibt, wann sie vorgenommen worden sind. Dies ist auch für elektronisch geführte Patientenakten sicherzustellen.
>
> (2) Der Behandelnde ist verpflichtet, in der Patientenakte sämtliche aus fachlicher Sicht für die derzeitige und künftige Behandlung wesentlichen Maßnahmen und deren Ergebnisse aufzuzeichnen, insbesondere die Anamnese, Diagnosen, Untersuchungen, Untersuchungsergebnisse, Befunde, Therapien und ihre Wirkungen, Eingriffe und ihre Wirkungen, Einwilligungen und Aufklärungen. Arztbriefe sind in die Patientenakte aufzunehmen.
>
> (3) Der Behandelnde hat die Patientenakte für die Dauer von zehn Jahren nach Abschluss der Behandlung aufzubewahren, soweit nicht nach anderen Vorschriften andere Aufbewahrungsfristen bestehen.

6.1 Grundlagen der Dokumentationspflicht

Die in § 630f BGB normierte Dokumentationspflicht ist vertragliche wie deliktische und auch Berufs-Pflicht und ist nicht nur in den Berufsordnungen genannt, sondern auch in Heilsberufs- und Kammergesetzen der Länder verankert (z. B. § 30 Heilberufsgesetz NRW). Das Patientenrechtegesetz zieht die Dokumentationsschraube durch eine (nicht abschließende) Aufzählung dokumentationspflichtiger Umstände und strenge formelle Vorschriften zur Führung der Patientenakte noch einmal deutlich an.

Durch die formellen Anforderungen und eine der Gesetzesbegründung zu entnehmende Gewichtung der verschiedenen Dokumentationszwecke ergeben sich wichtige Neunuancierungen für die zukünftige Umsetzung der Dokumentationspflicht in Praxis- und Klinikalltag.

Vorweg: Die Dokumentationsbelastung wird zunehmen!

6.2 Die Patientenakte – Formelle Anforderungen

§ 630f Abs. 1 BGB regelt die Verpflichtung zur Dokumentation in Form der Führung einer „Patientenakte", die einer nachträglichen Veränderungssperre unterliegt, d. h. sie darf nur fortlaufend geführt werden. Beziehen sich Eintragungen auf bereits anders dokumentierte Eintragungen, so dürfen die alten nicht überschrieben werden. Änderungen müssen also verfolgt werden können, dies ist auch bei elektronischer Datenerfassung sicherzustellen. Bislang hatte eine EDV-Dokumentation denselben Beweiswert wie eine schriftliche Dokumentation, wenn der Arzt nachvollziehbar darlegen konnte, dass die Dokumentation nicht nachträglich verändert worden und sie in sich stimmig und plausibel war (BGH NJW 1998, 2736). Die Veränderungssperre stärkt den Beweiswert der Dokumentation.

Der Dokumentationsaufwand ist groß und beweisrechtliche Konsequenzen bei Versäumnissen im Einzelfall hart. Aber: Schafft es die Behandlungsseite, hier verlässliche und transparente Strukturen zu schaffen, dann werden sich im Prozess enorme Vor- statt Nachteile ergeben. Bevor also Überbürokratisierung bedauert wird, sollten und müssen die Chancen des gesetzlichen Pflichtenprogramms „Dokumentation" gesehen und genutzt werden.

> **Revisionssicherheit**

Die Gesetzesbegründung bezieht sich ausdrücklich auf eine zu schaffende Revisionssicherheit i. S. elektronischer Archivsysteme, die den Anforderungen des Handelsgesetzbuches (§ 239, 257 HGB) und der Abgabenordnung (§ 146, 147 AO) sowie den Grundsätzen ordnungsgemäßer datenverarbeitungsgestützter Buchführungssysteme entsprechen.

„Revisionssicher" bedeutet, dass das System die Inhalte unverändert (originär) und fälschungssicher speichert, die Inhalte durch eine Suche auffindbar und alle Aktionen protokolliert sind. Das heißt nicht mehr und nicht weniger, als dass die Behandlungsseite im Fall der Führung einer elektronischen Patientenakte die Grundsätze einer solchen Revisionssicherheit beachten muss, andernfalls drohen ihr im Zusammenspiel mit § 630h BGB beweisrechtlich erhebliche Nachteile.

Für die hiernach geforderte revisionssichere elektronische Patientenakte empfiehlt es sich daher dringend, an die etwa vom Verband Organisations- und Informationssysteme aufgestellten Grundsätze für Revisionssicherheit anzuknüpfen:

1. Jedes Dokument wird unveränderbar archiviert.
2. Es darf kein Dokument auf dem Weg ins Archiv oder im Archiv selbst verloren gehen.
3. Jedes Dokument muss mit geeigneten Retrievaltechniken (z. B. durch das Indexieren mit Metadaten) wieder auffindbar sein.

4. Es muss genau das Dokument wiedergefunden werden, das gesucht worden ist.
5. Kein Dokument darf während seiner vorgesehenen Lebenszeit zerstört werden können.
6. Jedes Dokument muss in genau der gleichen Form, wie es erfasst wurde, wieder angezeigt und gedruckt werden können.
7. Alle Inhalte müssen zeitnah wiedergefunden werden können.
8. Alle Aktionen im Archiv, die Veränderungen in der Organisation und Struktur bewirken, sind derart zu protokollieren, dass die Wiederherstellung des ursprünglichen Zustandes möglich ist.
9. Elektronische Archive sind so auszulegen, dass eine Migration auf neue Plattformen, Medien, Softwareversionen und Komponenten ohne Informationsverlust möglich ist.

Das System muss dem Anwender die Möglichkeit bieten, die gesetzlichen Bestimmungen (BDSG, HGB, AO etc.) sowie die betrieblichen Bestimmungen des Anwenders hinsichtlich Datensicherheit und Datenschutz über die Lebensdauer des Archivs sicherzustellen.

Die entsprechende grundsatzkonforme EDV-Verarbeitung sollte TÜV-IT zertifiziert sein.

› Zeitnahe Dokumentation

Die Dokumentation ist „in unmittelbarem zeitlichen Zusammenhang" mit der Behandlung zu erledigen, d. h.: Im Anschluss an die Erledigung der Maßnahme und nach Abschluss des sie umgebenden „Betriebsablaufs" erfolgt ihre Dokumentation. Anderes macht wenig Sinn und ist auch im eigenen Interesse des Behandelnden, damit nichts in Vergessenheit gerät. Die Vorgabe zur zeitnahen Dokumentation wird in jedem Fall dazu führen, dass eine deutliche zeitliche Zäsur zwar keine eigenständige haftungsauslösende Komponente hat, jedoch die Dokumentation ihre für den Arzt günstige Dimension der Beweiskraft entsprechend einbüßt.

6.3 Der Inhalt der Patientenakte

Was ist nun im Einzelnen in die Patientenakte aufzunehmen und zu dokumentieren? Dies ist teilweise in der Regelung genannt, jedoch nicht erschöpfend.

› Dokumentationszwecke

Oberstes Ziel und wichtigster Zweck der Behandlungsdokumentation war und ist auch nach dem Patientenrechtegesetz die Sicherstellung einer sachgerechten und sorgfältigen Behandlung (BGH NJW 1988, 762, 763). Die Dokumentation soll gewährleisten, dass Kenntnisse und Informationen, die für die Behandlung und ihren Fortgang wesentlich sind, jederzeit abrufbar sind, nicht verloren gehen oder unnötigerweise ein weiteres Mal beschafft werden müssen.

Kurz: Die Dokumentation dient dem gesundheitlichen Vorteil des Patienten!

Welche anderen Zwecke gibt es?
Weiterer Ansatz ist das Selbstbestimmungsrecht des Patienten. Ihm ist über das, was mit ihm während der Behandlung (ggf. während des Zustands seiner Bewusstlosigkeit) widerfährt, Kenntnis zu verschaffen. Die Gesetzesbegründung spricht sogar von einer, von der Rechtsprechung bislang abgelehnten, Rechenschaftspflicht des Behandelnden. Gemeint ist aber im Ergebnis nur eine Deckungsgleichheit von Dokumentationspflicht und Rechenschaftspflicht in Bezug auf Behandlungsumstände: Was im Sinne der Dokumentationspflicht aufgezeichnet werden muss, ist als wesentlicher Behandlungsumstand auch etwas, über das der Arzt Rechenschaft ablegen muss. Anders ausgedrückt: Über jeden wesentlichen Behandlungsumstand ist durch seine Dokumentation (auch) Rechenschaft abzulegen.

Die Dokumentation wird beweisrechtlich durch das Patientenrechtegesetz in Zukunft eine noch stärkere Rolle spielen! Das bleibt nicht ohne Einfluss auf die Inhalte. Konkretes wird sich erst aus zukünftiger Rechtsprechung ableiten lassen.

Allgemein gilt Folgendes:

> **Dokumentationspflichtige Umstände**

Laut § 630g Abs. 2 BGB sind sämtliche aus fachlicher Sicht für die derzeitige und künftige Behandlung wesentlichen Maßnahmen und deren Ergebnisse aufzuzeichnen, insbesondere die Anamnese, Diagnosen, Untersuchungen, Untersuchungsergebnisse, Befunde, Therapien und ihre Wirkungen, Eingriffe und ihre Wirkungen, Einwilligungen und Aufklärungen; Arztbriefe sind in die Patientenakte aufzunehmen.

Im Wesentlichen alles oder alles Wesentliche?

Dies liest sich zunächst wie eine nicht abschließende Aufzählung. Da aber schlichtweg alle denkbaren Inhalte eines Behandlungsszenarios aufgezählt werden, kann nur gemeint sein, dass sich die Aufzeichnungspflicht eben auf die fachlich relevanten Umstände im Zusammenhang mit diesen einzelnen Vorgängen bezieht. Es geht also etwa um aus fachmedizinischer Sicht relevante Untersuchungsergebnisse und Therapiewirkungen, nicht um ausnahmslos alle.

Wesentliches bei Einwilligung und Aufklärung?

Einigermaßen unklar ist noch, in welchem Umfang Einwilligung bzw. Aufklärung betreffende Umstände von der Dokumentationspflicht umfasst sind. Die (neuen) Dokumentationspflichten von Einwilligung und Aufklärung schlagen insofern aus der Art, als der Passus „für die Behandlung wesentliche Maßnahmen" kaum im gleichen Sinne gemeint sein kann wie etwa im Zusammenhang mit Diagnosen und Befunden. Es bleibt abzuwarten, wie im Detail weitgehend die Rechtsprechung hier die Dokumentationspflicht sieht. „Wesentlich" in Bezug auf eine „selbstbestimmte" Behandlung sind alle Bestandteile, die zu einer ordnungsgemäßen Aufklärung gehören, also hinsichtlich Umfang, Rechtzeitigkeit und Adressat. Dies muss die Dokumentation abbilden, also ergibt sich für die Fälle, in denen regelmäßig Aufklärungsvordrucke verwendet werden, nur marginaler zusätzlicher Dokumentationsaufwand.

Wesentliches und Unwesentliches

Insgesamt bleibt das Primat der medizinischen Erforderlichkeit, so dass es bei der Dokumentationspflicht – wie bisher – allein um für die Behandlung wesentliche Umstände geht:

Aufzuzeichnen sind daher die für die ärztliche Diagnose und die Therapie wesentlichen medizinischen Fakten (BGH VersR 1984, 386). Dies sind vor allem Untersuchungsbefunde, Medikation und ärztliche Anweisungen. Ferner sind Verlaufsdaten (Operationsbericht, Narkoseprotokoll, Pflegeprotokoll) festzuhalten. Dokumentationspflichtig sind daher auch diagnose- bzw. therapiewidersetzende Verhaltensweisen des Patienten wie das Verlassen des Krankenhauses gegen ärztlichen Rat (BGH NJW 1987, 2300) oder die Weigerung eine zur weiteren Diagnoseabklärung erforderliche Untersuchungsmaßnahme durchführen zu lassen (OLG Bamberg VersR 2005, 1292), ebenso wie alle Abweichungen von einem Routineverlauf oder einer Standardmaßnahme, nicht aber die Tatsache, dass eben keine besonderen Vorkommnisse vorliegen (BGH NJW 1984, 1403).

Die ärztliche Übung kann Umfang und Faktendichte der Aufzeichnung durchaus mitbestimmen, so bei Routinegeschehen, die nicht in allen Einzelvorgängen beschrieben, sondern nur mit schlagwortartigen Kurzbezeichnungen (etwa „o.b." für „ohne Befund") versehen werden, soweit keine Auffälligkeiten festgestellt werden (BGH NJW 1993, 2375). Die vertragliche Dokumentationspflicht wird so weit gezogen, wie sie im Einzelfall gute Übung ist!

Routine liegt nicht vor, soweit die Behandlungsmaßnahme sich für den konkret behandelnden Arzt, der sich etwa noch in der Facharztausbildung befindet, keine Routine ist. Hier ergeben sich erhöhte Anforderungen an die Dokumentation (BGH NJW 1985, 2193).

Es bleibt also dabei, dass Dokumentation nie isoliert zu Beweiszwecken erforderlich ist. Auch das, was im Hinblick auf die Persönlichkeitsrechte des Patienten zu dokumentieren ist, also im Sinne dessen, was er „wissen muss", beschränkt sich auf „für die Behandlung wesentliche Umstände".

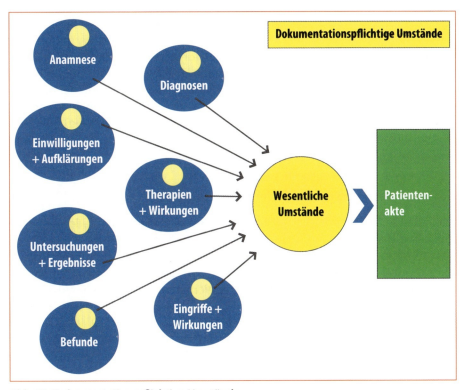

Abb. 22: Dokumentationspflichtige Umstände

> **Lesbarkeit der Dokumentation**

Eine ärztliche Dokumentation ist im Allgemeinen nichts, was der Laie zu lesen vermag. Abkürzungen und Fachbegriffe dominieren die Abfassungen.

Selbstverständlich muss die Aufklärung in für den Patienten verständlicher Form ohne „Fachchinesisch" erfolgen, aber was gilt für die Dokumentation?

Für wen muss die Dokumentation lesefähig sein?

Bislang hieß es hierzu in einschlägigen Urteilen, es sei „in einer für den Fachmann hinreichend klaren Form" aufzuzeichnen.

Im Zusammenspiel mit § 630g BGB ergibt sich, dass die Patientenakte eigentlich etwas sein sollte, das der Patient tatsächlich „lesen" können muss. Ist er hierzu auf fremde (fachliche) Hilfe angewiesen, hinge der Nutzen des Einsichtsrechts letztlich vom Geldbeutel ab. Verpflichtete man umgekehrt den Arzt zur ausführlichen Erläuterung, wäre er der zeitlich und finanziell Belastete.

Die „Lesefähigkeit" ist definitiv eine Frage, die aufgrund der gesteigerten Dokumentationspflichten und der zunehmenden Wahrnehmung ihres Einsichtsrechts durch Patienten die Praxis und die Rechtsprechung beschäftigen wird.

Zu weitgehend wäre es jedenfalls, vom Arzt zu fordern, die Dokumentation direkt als „laien-lesefähig" zu erstellen. Dies wäre eine Entfernung von der eigentlichen Zweckbestimmung und eine vor allem zeitliche Überforderung, an der niemandem gelegen sein kann. Die Dokumentation ist in erster Linie in Richtung auf diejenigen, die die dortigen Informationen zu ihrem bestimmungsgemäßen Zweck nutzen sollen, abzufassen. Es geht also um die Behandelnden und ihre Hilfskräfte innerhalb eines Behandlungsprozesses.

Dokumentationslücken und fehlende Lesefähigkeit

Allein an die Dokumentationslücke oder unleserliche Dokumentation knüpfen sich keine Haftungsfolgen. Unzureichende Dokumentation rechtfertigt keinen Schadensersatzanspruch; sie hat aber immer schon beweisrechtliche Bedeutung. Die sog. Beweislastverschiebung, die dem Patienten bei Dokumentationsmängeln den Behandlungsfehlerbeweis erleichtert, ist nun in § 630h Abs. 3 BGB normiert (näher dazu dort).

Nur in Einzelfällen wirkt sich mangelhafte Dokumentation selbst als Behandlungsfehler aus: Führt sie etwa dazu, dass eine erneute Diagnoseuntersuchung notwendig wird, ist Grund für die Wiederholung des Eingriffs ein Therapiefehler.

6.4 Aufbewahrung der Patientenakte

Die 10-jährige Aufbewahrungsfrist für die ärztliche Dokumentation ist ohnehin ärztliche Berufspflicht.

Anderweitige Vorschriften zu Aufbewahrungsfristen bleiben unberührt (etwa § 28 Abs. 3 Satz 1 der Röntgenverordnung, § 42 Abs. 1 der Strahlenschutzverordnung, § 12 Abs. 1 Satz 3 GenDG). Wenn es der gesundheitliche Zustand des Patienten oder ein laufender Rechtsstreit erfordert, empfiehlt sich im Ergebnis sogar eine Aktenaufbewahrung bis zu 30 Jahre.

6.5 Auf einen Blick: Zusammenfassung/Merkposten /To Dos

Dokumentation

- NEU! Patientenrechtegesetz:
  Ausweitung der formalen und inhaltlichen Anforderungen an die Dokumentation über die Berufspflichten hinaus!

- Dokumentation wird umfassender, enger reglementiert und transparenter!

Anforderungen an die Dokumentation

- Veränderungsverbot sowohl für Dokumentation in Papierform wie EDV-unterstützt: Nachträgliche Änderungen müssen sichtbar bleiben!

 Praxistipp

EDV-Software muss Revisionssicherheit garantieren (TÜV-IT)

- Zeitnahe Dokumentation!

Keine unmittelbare Konsequenz verspäteter Dokumentation, aber:
Je länger der Zeitraum zwischen Maßnahme und Dokumentation umso niedriger die Authentizitätsvermutung im Sinne korrekt erinnerter Abbildung des Geschehens also umso niedriger u.U. der Beweiswert!

Dokumentationsumfang

- Allgemein:
  Dokumentation sämtlicher aus fachlicher Sicht für die derzeitige und künftige Behandlung wesentlichen Maßnahmen und deren Ergebnisse! Routinegeschehen muss nicht aufgezeichnet werden!

- Hausinterne Anweisungen/ständige Übung u. U. dokumentationspflicht-erweiternd!!

Abweichung von üblichen Dokumentations-Gepflogenheiten kann beweisrechtlich negative Folgen haben!

NEU! Patientenrechtegesetz:

Vertragliche Verpflichtung zur Dokumentation von Aufklärung und Einwilligung!

Reichweite im Einzelnen noch unklar, aber mindestens grobe Abbildung der ordnungsgemäßen Aufklärung!

Aufzuzeichnen sind immer für die (Weiter-)Behandlung relevante Umstände! (Bsp.: Verweigerung der Einwilligung in eine spezifische Maßnahme, Untersuchungsmethode oder Vorgehensweise)

Ratsam und geboten ist immer die Aufzeichnung von vom Normalfall abweichenden Situationen und Sachlagen!
(Bsp.: Verzicht auf Aufklärung/Spezialtatbestände wie die Einwilligung durch Dritte für den Patienten)

 Zukünftig strengere Anforderungen an die Lesefähigkeit zu erwarten!

Mindestanforderung: Dokumentation muss für den Fachmann hinreichend klar abgefasst sein!

 Praxistipp

Optimierungspotential bei der Dokumentation für Beweisvorteile nutzen!

Organisationsaufgabe: Standardisierung von Dokumentationsabläufen!

7 Einsichtnahme in die Patientenakte – § 630g BGB

> **§ 630g BGB**
>
> (1) Dem Patienten ist auf Verlangen unverzüglich Einsicht in die vollständige, ihn betreffende Patientenakte zu gewähren, soweit der Einsichtnahme nicht erhebliche therapeutische Gründe oder sonstige erhebliche Rechte Dritter entgegenstehen. Die Ablehnung der Einsichtnahme ist zu begründen. § 811 ist entsprechend anzuwenden.
>
> (2) Der Patient kann auch elektronische Abschriften von der Patientenakte verlangen. Er hat dem Behandelnden die entstandenen Kosten zu erstatten.
>
> (3) Im Fall des Todes des Patienten stehen die Rechte aus den Absätzen 1 und 2 zur Wahrnehmung der vermögensrechtlichen Interessen seinen Erben zu. Gleiches gilt für die nächsten Angehörigen des Patienten, soweit sie immaterielle Interessen geltend machen. Die Rechte sind ausgeschlossen, soweit der Einsichtnahme der ausdrückliche oder mutmaßliche Wille des Patienten entgegensteht.

7.1 Grundlagen des Einsichtsrechts

Ein Anspruch darauf, über ihn geführte Aufzeichnungen einzusehen, leitet sich für den Patienten schon aus dem Grundrecht auf informationelle Selbstbestimmung (Art. 1 Abs. 1 in Verbindung mit Art. 2 Abs. 1 GG, vgl. BVerfG MedR 2006, 419) und auch aus dem Bundesdatenschutzgesetz (BDSG) ab. Ein Einsichtsrecht in einzelne Behandlungsunterlagen gibt auch § 810 BGB.

§ 630g Abs. 1 BGB formuliert nun die entsprechende Vertragspflicht des Arztes zur Einsichtsgewährung.

Verstärkte Wahrnehmung der Einsichtsrechte

Die Verpflichtung Einsicht zu gewähren, besteht unabhängig von einem Rechtsstreit, also losgelöst von einem Zusammenhang mit der Vorbereitung oder Durchführung eines Haftungsprozesses. In der Praxis wird das Recht auf Einsichtnahme dennoch oft innerhalb eines solchen Kontextes, häufig bereits durch einen von Patientenseite hinzugezogenen Rechtsanwalt, ausgeübt. Die deshalb oft zögerliche, weil auf Behandlungsseite Unsicherheit auslösende, Umsetzung des Einsichtsanspruchs motivierte den Gesetzgeber zu dieser strengen und umfassenden Regelung. Soweit diese nun dazu beiträgt, dass die Einsicht eine gewisse Normalität erlangt, die ihren Antriebs-Schwerpunkt in der „Information" findet und nicht mit „Misstrauen, Skepsis und Fehlersuche" konnotiert, wäre das nichts Schlechtes.

Die Führung der Patientenakte in Zeiten verstärkt genutzter Einsichtsrechte erfordert besondere Disziplin und Sorgfalt und einen gesunden Umgang mit dem Gefühl des „über die Schulter schauenden" Patienten.

Check-up der Dokumentationsgepflogenheiten

Es empfiehlt sich mit Geltung des Patientenrechtegesetzes eine Überprüfung der Aktenführung auf neuralgische Punkte.

Es bestehen Befürchtungen, es müsse nun bei der Dokumentation jedes Wort auf die Goldwaage gelegt werden. Allerdings kann es nicht darum gehen, dass sich der Arzt bei jeder Anmerkung Gedanken machen muss, wie sie wohl von einem Dritten verstanden werden könnte. Dennoch helfen bestimmte Automatismen bei der Dokumentation nicht nur dabei, dass nichts vergessen wird, sondern verhindern auch, dass es im Konfliktfall zu vermeidbaren Missverständnissen oder lästiger und Misstrauen hervorrufender übermaßvoller Erläuterungsbedürftigkeit kommt.

Es ist deshalb unerlässlich, dass die Patientenakte tatsächlich das enthält, was zwingend zu dokumentieren ist und möglichst wenig Überflüssiges!

Das ist durch entsprechende Checklisten- und Arbeitsanweisungen sicherzustellen und turnusmäßig zu überprüfen. Wichtig ist ebenfalls zu überprüfen, in welchem Umfang Umstände, die nicht dokumentationspflichtig, wenngleich mindestens subjektiv nicht überflüssig sind, aufgezeichnet werden sollen. Es ist zu bedenken, dass das Einsichtsrecht sich auf die gesamte Patientenakte bezieht („Was einmal drin ist, ist drin!"). Soweit etwas, was sich dort befindet, vor Einsichtsgewährung ausgesondert und nicht der Einsicht zugänglich gemacht werden soll, sind Gründe dafür anzugeben, die ihrerseits gerichtlich überprüft werden können (näher im Folgenden).

7.2 Umfang des Einsichtsrechts

Der Gesetzestext ist eindeutig: Es ist Einsicht in die vollständige Patientenakte zu gewähren.

> **Vollständige Patientenakte**

Was ist die „vollständige Patientenakte"? Das ist nicht unproblematisch, wie ein Blick in die Gesetzesbegründung schnell klar macht. Die bisherige Trennung in objektivierbare und subjektive Tatsachen ist weitgehend aufgehoben.

> **Objektivierbare und subjektive Tatsachen**

Vor dem Patientenrechtegesetz galt: Dem Patienten waren die ‚objektiven' Aufzeichnungen wie naturwissenschaftlich konkretisierbare Befunde über Behandlungsmaßnahmen, Medikation, Operationsberichte, EKG, EEG, Röntgenaufnahmen oder Laborergebnisse vollständig zur Kenntnis zu geben. Persönliche Eindrücke, fremdanamnetische Daten oder Verdachtsdiagnosen mussten dagegen nur in begründeten Einzelfällen offen gelegt werden.

Das Patientenrechtegesetz trifft die Unterscheidung nicht mehr!

Grundsätzlich ist alles, was Eingang in die Patientenakte gefunden hat, dem Patienten auch vorzulegen!

Alle von der Rechtsprechung als einer Offenlegung bislang entgegenstehend gewerteten Umstände sind jetzt enge Ausnahmetatbestände und müssen entsprechend gut begründet und nachvollziehbar dargelegt werden können:

> **Therapeutischer Vorbehalt**

Das Gesetz nennt als Verweigerungsgrund für die Einsicht den „therapeutischen Vorbehalt" (BGH NJW 1983, 328). Dieser bildet eine vorrangig zum Schutz des Patienten selbst ausgebildete Schranke des Einsichtsrechts im Zusammenhang mit gesundheitlichen Gefahren für den Patienten. Es geht damit hauptsächlich um Fälle möglicher Selbstgefährdung im Fall schonungsloser Information über seinen Gesundheitszustand oder seine Person betreffende Umstände und Einschätzungen.

Schon bisher bildeten Einsichtsverlangen psychisch auffälliger oder kranker Patienten eine besonders komplizierte Gemengelage, zumal in Aufzeichnungen durch Psychiater und Therapeuten die verobjektivierbaren und nicht verobjektivierbaren Befunde durchaus schwer zu trennen sind und auch Aufschluss über die Persönlichkeit des Behandelnden geben können. Es bedurfte neben der Einschätzung der therapeutischen Auswirkungen einer Einsicht auch einer sorgfältigen Abwägung der Informationsinteressen des Patienten mit schützenswerten Belangen auch des Therapeuten.

Enge Auslegung

Diese Abwägung erhält nun eine strengere Vorgabe, soweit von „erheblichen therapeutischen Gründen" die Rede ist. Der Gesetzgeber erwartet nun also eine Entscheidung im Einzelfall unter strenger Abwägung sämtl cher für und gegen die Einsichtnahme sprechenden Umständen im Hinblick auf die Gesundheit des Patienten. Dabei ist auch zu prüfen, ob die Einsicht durch eine von dem Patienten bevollmächtigte Person die Bedenken ggf. ausschlösse.

Begründungszwang für Ablehnung

Im Zusammenspiel mit der Verpflichtung, eine ablehnende Entscheidung begründen zu müssen, entsteht das weitere praktische Problem, wie eine Nichtoffenbarung einer Tatsache begründet werden kann, wenn eben nur die Benennung der Tatsache den Grund vollends nachvollziehbar machen kann. Hier kann sich die Begründung der Behandlungsseite einerseits nicht in der allgemeinen Floskel, es drohe eine Selbstgefährdung, begnügen, andererseits darf sie den problematischen Umstand nicht auf diese Weise zur Kenntnis geben.

Es wird daher darauf ankommen, klar zu machen, welche Gründe für die Erwartung einer Selbstgefährdung vor allem ausschlaggebend waren. Insgesamt ist davon auszugehen, dass therapeutische Gründe alleine nur in seltenen Fällen die Verweigerung einer Einsichtnahme begründen und sich ohnehin so gut wie nie auf die gesamte Patientenakte beziehen können.

> **Fremdgefährdung und Rechte Dritter**

Eine (partielle) Verweigerung des Einsichtsrechts kann sich aus „erheblichen Rechten" Dritter ergeben. So ist abzuwägen, ob Rechte Dritter berührt werden, wenn der Patient Einsicht in die vollständige Akte erlangt. Dies ist etwa der Fall, wenn Aufzeichnungen Feststellungen über andere Personen (etwa die Eltern eines mdj. Patienten) enthalten oder das Persönlichkeitsrecht des Behandelnden selbst betroffen ist.

Wie oben zu den subjektiven Einschätzungen und Wahrnehmungen aufgeführt, ist aber für den Regelfall davon auszugehen, dass die bei Offenbarung dieser Aufzeichnungen betroffenen Persönlichkeitsrechte des Behandelnden hinter dem Informationsinteresse des Patienten zurückstehen müssen. Eine entsprechende Sensibilisierung bei der Aktenführung ist anzuraten.

> **Parallel-Dokumentation**

Die Patientenakte ist dem Patienten also mit ihrem gesamten Inhalt zur Einsicht zur Verfügung zu stellen!

Damit stellt sich die Frage der Parallel-Dokumentation.

Hierzu ist klar zu sagen, dass der Gesetzgeber das informationelle Selbstbestimmungsrecht des Patienten sehr weit interpretiert. Das gesamte Gesetzeswerk ist von der Intention des Gesetzgebers getragen, den Patienten als Vertragspartner des Behandlungsvertrages „auf Augenhöhe" mit dem Behandelnden zu sehen. Anknüpfungspunkt für ein Einsichtsrecht ist nicht das Formalgebilde „Patientenakte", sondern die Existenz und Speicherung von Aufzeichnungen, die die Privatsphäre des Patienten betreffen.

Das heißt im Klartext:
Für sämtliche Aufzeichnungen zur Person des Patienten, **wo auch immer sie erfolgen**, ist zumindest darzulegen, warum sie nicht offenbart werden, wenn die Einsicht verweigert wird.

Jede Einsichtsverweigerungs-Entscheidung wird mindestens auf sachfremde Erwägungen hin überprüft werden!

Wohin mit subjektiven Wahrnehmungen und persönlichen Eindrücken?

Die Rechtsprechung wird bei der Umsetzung des durch den Gesetzgeber sehr umfassend gesehenen Einsichtsrechts durchaus verfassungsrechtliche Abwägungen zu treffen haben:

Die lückenlose Offenbarung sämtlicher Aufzeichnungen wird nicht dazu führen können und dürfen, dass sich kein Arzt mehr Aufzeichnungen „für sich" machen kann, also solche, von denen er sicher sein kann, dass er diese nicht offenlegen muss. Damit wäre dem Patienten nicht geholfen, denn es ist durchaus wichtig, dass der Arzt sich zur eigenen Gedächtnisstütze und schnellen Wiederauffrischung des „Bildes vom Patienten und seiner Compliance" auch solche Notizen machen kann. Dem Arzt muss, wie in Therapiefragen, auch bei der Dokumentation ein Raum verbleiben, der frei ist von Rechtfertigung und hundertprozentiger Transparenz und in welchem der Arzt hinsichtlich der Art und Weise wie er „mit sich selbst spricht" nicht kontrolliert wird.

Es wird mit Blick auf die erweiterte Offenlegung subjektiver Feststellungen und Wahrnehmungen ohnehin zu erwarten stehen, dass Ärzte sich aus Unsicherheit eine nicht zu unterschätzende Zurückhaltung auferlegen und nicht zuletzt wird das sorgsame Abwägen der Worte erheblich dem reibungslosen Dokumentationsablauf, vor allem dem ja gleichzeitig geforderten zeitnahen Dokumentieren, entgegen wirken.

Bis wichtige Abgrenzungsfragen zur Einsicht in subjektive Daten näher geklärt sind, kann schwerlich eine rechtlich von der Patientenakte trennbare „einsichtsfreie Zone" ausgemacht werden, wenngleich zur Wahrung der Rechte der Behandlungsseite feststehen dürfte, dass auch bei patientenbezogenen Aufzeichnungen eine individuelle, nicht justiziable Nische für ärztliche Gedächtnisstützen anzuerkennen ist.

› Weitere Krankenunterlagen

Bevor das Einsichtsrecht des Patienten zur Einsicht „in die Patientenakte" wurde, war es die Einsicht „in die ihn betreffenden Krankenunterlagen". Hierzu wurde im einzelnen nicht nur dasjenige gezählt, was spezifisch in Bezug auf den konkreten Patienten festgehalten wurde, sondern durchaus auch weitere Dokumentationsstücke wie etwa die (um die Personennamen bereinigte) Blutspendedokumentation (LG Düsseldorf RDV 1999, 173).

Noch hat die Rechtsprechung ein Einsichtsrecht in die gemäß § 23 Abs. 1 IfSG gesondert aufzuzeichnenden Niederschriften über die vom Robert-Koch-Institut nach § 4 Abs. 2 Nr. 2b IfSG festgelegten nosokomialen Infektionen über das Auftreten von Krankheitserregern mit speziellen Resistenzen und Multiresistenzen mit dem Argument abgelehnt, dass diese Aufzeichnungen nicht zu den persönlichen Krankenunterlagen gehören, sondern eine Vielzahl von Vergleichsfällen betreffen und die Aufzeichnungspflicht nicht zum Schutz des einzelnen Patienten besteht (OLG Hamm GesR 2011, 671).

Es ist durchaus damit zu rechnen, dass das Patientenrechtegesetz hier zu einer erweiterten Auslegung führt.

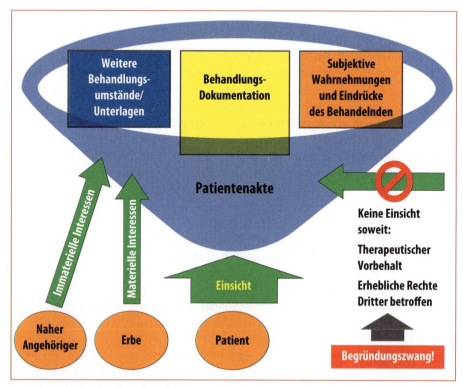

Abb. 23: Umfang der Einsichtnahme

7.3 Einsichtnahmeverlangen und Ablauf der Einsichtnahme

Nachdem in einem der Vorentwürfe zum Patientenrechtegesetz noch von einem „jederzeitigen" Einsichtsrecht die Rede war, ist auf ein Einsichtnahmeverlangen des Patienten nun „unverzüglich" Einsicht zu gewähren. Dies wird dahin verstanden, dass der Verpflichtung „ohne schuldhaftes Zögern" nachzukommen ist. Das bedeutet nicht, dass ein Einsichtnahmeverlangen sofort an Ort und Stelle umzusetzen wäre. Dennoch ist hiermit eindeutig der Ball im Feld der Behandlungsseite, sobald ein Einsichtsverlangen geäußert wird.

Im Idealfall sollte die Reaktion auf ein solches Herausgabeverlangen klaren organisatorischen Regeln folgen.

> **Art der Einsicht**
Nach § 630g Abs. 1 Satz 2 BGB ist § 811 BGB entsprechend anwendbar. Danach besteht der Anspruch auf Einsichtnahme an dem Ort, an welchem sich die einzusehenden Unterlagen oder Dokumente befinden. Eine Einsichtnahme an einem anderen Ort kann der Patient nur im Falle eines „wichtigen Grundes" verlangen. So etwa, wenn der Patient körperlich oder gesundheitlich nicht in der Lage ist, diesen Ort aufzusuchen.

Im Regelfall werden Abschriften der Patientenakte verlangt. Diese hat der Behandelnde auf Kosten des Patienten herzustellen, ggf. in elektronischer Form (Abs. 2). Er braucht sie nur gegen Bezahlung herauszugeben. Die Kopien sind am Ort der Herstellung abzuholen. Ein Anspruch auf Übersendung besteht nicht.

Das Gesetz verhält sich nicht klar dazu, ob die Art der Abschrift mit der Art der vorliegenden Dokumentation korrespondieren muss, also elektronische Daten in elektronischer Form zu vervielfältigen sind oder ob dem Patienten ein Wahlrecht zusteht, er also den Papierausdruck einer elektronischen Akte und die Übertragung einer Papierakte auf einen digitalen Datenträger fordern kann. Dies dürfte zweckorientiert gehandhabt werden können.

Es ist zu erwarten, dass die Rechtsprechung (OLG München NJW 2001, 2806 für den Fall von 82 Röntgenaufnahmen) aufrechterhalten wird, wonach im Einzelfall eine kurzzeitige vollständige Herausgabe der Originalunterlagen verlangt werden kann, wenn besondere Umstände vorliegen. So etwa dann, wenn folgende Umstände vorliegen:
> außergewöhnlich große Materialfülle, die sachverständig auszuwerten ist
> erheblicher Zeitaufwand für die Auswertung („tagelanges Verweilen eines Privatgutachters vor Ort")
> fehlende Gleichwertigkeit von Duplikaten mit dem Original
> abgeschlossene Behandlung
> Material wird vor Ort nicht gebraucht (wissenschaftliches Interesse steht einer vorübergehenden Überlassung nicht entgegen)

> **Kosten der Einsichtnahme**

Es bleibt dabei, dass Abschriften nur Zug um Zug gegen Kostenerstattung herausgegeben werden müssen. Die Gesetzesbegründung führt aus, dass die Kostenerstattung mit der Regelung in § 811 Abs. 2 Satz 1 BGB gleich läuft, lässt allerdings die über § 630g Abs. 1 Satz 3 BGB eigentlich auch in Bezug genommene Regelung in § 811 Abs. 2 Satz 2 BGB, wonach auf Verlangen ein Vorschuss auf diese Kosten zu zahlen ist, unerwähnt. Nimmt man das Gesetz beim Wort, besteht Vorschusspflicht. Diese mag dahin interpretiert werden, dass ein Vorschuss nach Treu und Glauben nur eingefordert werden kann, wenn aufgrund einer individuell besonders umfangreichen Patientenakte mit erheblichen Kopierkosten zu rechnen ist.

> **Ablauf der Einsichtnahme**

Zur Vermeidung des Vorwurfs, eine Einsichtnahme schuldhaft zu verzögern, was durchaus auch haftungsrechtliche Folgen im Hinblick auf die Geltendmachung und Verfolgung von Ansprüchen des Patienten haben kann, muss die Erledigung des Einsichtnahmeverlangens für den Patienten transparent gemacht werden. Er ist etwa darüber zu informieren, wann die Herstellung der Abschriften voraussichtlich erledigt sein wird. Soweit dem Patienten unverständlich ist, warum eine sofortige Überlassung von Unterlagen nicht möglich sein soll, wird ihm eine erforderliche Durchsicht der Akte auf Vollständigkeit sicher nachvollziehbar sein, wie insbesondere auch die Erläuterung, dass jede Akte vor der Herausgabe sorgfältig darauf überprüft werden muss, ob ggf. anderweitig der Schweigepflicht unterliegende Tatsachen zurückgehalten werden müssen.

> **Lesbare Abschrift**

Ihn betreffende Krankenunterlagen müssen für den Patienten lesbar – nicht unbedingt ohne fachliche Hilfe entschlüsselbar und verständlich – sein.

Die Frage, welche Anforderungen an die „Lesbarkeit" der Unterlagen genau zu stellen sind, betrifft letztlich die Entscheidung der Frage wie weit Einsicht geht und wo Auskunft anfängt. Hierzu schweigt das neue Gesetz. Die Grenzziehung bleibt der Rechtsprechung überlassen.

Nach der bisherigen Rechtsprechung besteht über die Einsicht hinaus grundsätzlich keine nähere Auskunftsverpflichtung des Arztes. Fragenkataloge, etwa von Rechtsanwälten, müssen nicht gesondert beantwortet werden. Angaben zu den an der Behandlung beteiligten Personen müssen allerdings unabhängig von ihrer Dokumentation immer gemacht werden. Hintergrund ist, dass die Arzt-Patienten-Beziehung aus Gründen der personalen Würde des Patienten nicht anonymisiert werden darf (etwa LG Heidelberg VersR 1989, 595 unter Hinweis auf BGH VersR 1983, 690).

> **Erläuterungsverlangen**

Ist damit nähere Auskunft nicht geschuldet, so ist die Frage, inwieweit zumindest Erläuterung verlangt werden kann. Was hat der Patient von der Einsicht in Unterlagen, mit denen er salopp gesprochen, selbst „nichts anfangen kann"? Der Laie ist hier versucht angesichts der von Kürzeln und Verschlüsselungen wimmelnden Krankenunterlagen das Einsichtsrecht vollends leer laufen zu sehen. Doch ist zu vergegenwärtigen, dass die Patientenakte zuallererst Arbeitsmittel (und Eigentum) des Behandelnden ist und zur Sicherstellung sorgfaltsgemäßer Behandlung geführt wird. Weitere Zwecke sind diesem Hauptzweck in Kollisionsfällen unterzuordnen. Der Hauptzweck macht aus Effizienzgründen die Dokumentation mittels Kurzbezeichnungen etc. unbedingt notwendig und begrenzt damit gleichzeitig den Erläuterungsanspruch. Die „Lesbarkeit" ist immer vom vorrangigen Dokumentationszweck her zu interpretieren, so dass die in einer Dokumentation enthaltenen Informationen für alle fachlich an einem Behandlungsgeschehen potentiell Beteiligte entnehmbar sein muss. Ist die Akte für diesen Personenkreis „lesbar", ist sie es für den Patienten, ggf. eben nur durch ein fachkundiges Medium, auch. Sind fachkundige Personen zur Entschlüsselung nicht in der Lage, ist insoweit eine Leseabschrift zwingend.

Ob der Arzt verpflichtet ist, auf Wunsch zu versichern, dass die betreffenden Unterlagen auch vollständig sind, ist nicht abschließend geklärt. (Für eine solche Pflicht LG Dortmund NJW-RR 1998, 261; strenger BGH NJW 1985, 674: jedenfalls wohl nicht voraussetzungslos).
Der behandelnde Arzt ist grundsätzlich auch im vorprozessualen Stadium nicht verpflichtet, Auskunftsbegehren des Geschädigten zu entsprechen, die einen Arzthaftungsprozess vorbereiten sollen.

> **Einsicht durch Dritte und Schweigepflicht**

Häufig werden Einsichtsverlangen durch einen vom Patienten beauftragten Rechtsanwalt oder von Hinterbliebenen eines verstorbenen Patienten gestellt.

Rechtsanwalt des Patienten
Die Einsichtsrechte des Rechtsanwalts entsprechen denen des Patienten, können im Einzelfall sogar darüber hinausgehen, wenn der Fall eingeschränkten Einsichtsrechts des Patienten (nur) aufgrund des eigenen Gesundheitsschutzes vorliegt und gewährleistet ist, dass der Anwalt entsprechend sorgsam mit der Information umgeht.

Der beauftragte Patientenanwalt soll in der Regel den Patienten nicht nur bei der Einsicht, sondern in der Angelegenheit vertreten, insofern bedarf es einer üblichen Rechtsanwaltsvollmacht nebst der Erklärung über die Übertragung des Einsichtsrechts zur Wahrnehmung durch den Anwalt und der Schweigepflichtenbindungserklärung. Erforderlich sind deshalb verschiedene Erklärungen mit unterschiedlichen Wirksamkeitsvoraussetzungen.

Während für die Anwaltsvollmacht Geschäftsfähigkeit erforderlich ist, gilt für die Erklärungen betreffend die Übertragung des Einsichtsrechts und die Entbindung von der ärztlichen Schweigepflicht anderes. Hier kommt es wieder auf die Einsichtsfähigkeit an. Bei betreuten oder minderjährigen Mandanten kann somit die Anwaltsvollmacht nur von dem gesetzlichen Vertreter erteilt werden. Für die Schweigepflichtenbindungserklärungserklärung ist aber darauf zu achten, dass bei Minderjährigen über vierzehn Jahren eine Einsichtsfähigkeit durchaus angenommen und respektiert werden muss. Die Schweigepflichtentbindungserklärung sollte vom Minderjährigen mit unterzeichnet sein.

Erben des verstorbenen Patienten
Nach dem Tode des Patienten wird der Arzt zum zur Verschwiegenheit verpflichteten Treuhänder, der sich grundsätzlich auch gegenüber den Erben auf seine Schweigepflicht berufen kann und muss (schon BGH NJW 1983, 2627). Davon geht auch § 630g BGB aus, allerdings erleichtert er dem Arzt das Procedere im Vergleich zu früher: Er darf vom Einsichtsrecht als Regelfall ausgehen, sofern materielle Interessen (Haftungsfragen, Fragen bez. der Geschäfts- oder Testierfähigkeit des Verstorbenen) vorgebracht werden.

Nur soweit ein ausdrücklich geäußerter oder mutmaßlicher Wille des Verstorbenen an der weiteren Geheimhaltung offen liegt, muss der Arzt dem Einsichtsverlangen entgegentreten. Die Bewertung des mutmaßlichen Willens obliegt dem Arzt nach gewissenhafter Prüfung; ihm verbleibt ein gewisser Entscheidungsspielraum (OLG München MedR 2009, 49; OLG Naumburg NJW 2005, 2017).

Sind die Erben gleichzeitig nahe Angehörige, steht ihnen ohne materiellen Hintergrund jedenfalls das Einsichtsrecht naher Angehöriger zu (siehe nachfolgend).

Angehörige des verstorbenen Patienten
Nahe Angehörige, etwa Ehegatten, Lebenspartner, Kinder, Eltern, Geschwistern oder Enkel haben Einsichtsrecht bei Geltendmachung immaterieller Interessen.

Krankenkasse
Einem Einsichtnahmeverlangen der Krankenkasse bzw. des Sozialversicherungsträgers zur Prüfung von Regressansprüchen ist nur mit Rücksicht auf den mutmaßlichen Willen des verstorbenen Patienten zu entsprechen (BGH MedR 2010, 851). Das gilt auch nach dem Patientenrechtegesetz weiter. Dem Sozialversicherungsträger kommt kein privilegiertes Einsichtsrecht zu. Insofern empfiehlt sich für die Krankenkassen, sich solche Einsichtsrechte zu Lebzeiten des Versicherten einräumen zu lassen.

7.4 Auf einen Blick: Zusammenfassung/Merkposten/To Dos

Einsichtsrecht

ⓘ Patientenrechtegesetz: „Einsicht in die vollständige Patientenakte"!

💥 Was ist die VOLLSTÄNDIGE Patientenakte?

Grundsätzlich: alle, den Patienten betreffenden Krankenunterlagen + Aufzeichnungen!

Alles, was dokumentiert wurde!

Vom Einsichtsrecht umfasst sind auch subjektive Wahrnehmungen und persönliche Eindrücke!

ⓘ Sehr eng begrenzte Ausnahmen:
  - erhebliche therapeutische Gründe
  - erhebliche Interessen Dritter (z.B. anderweitig bestehende Schweigepflichten)
  - in seltenen Einzelfällen: schutzwürdige Rechte des Behandelnden

💥 NEU! Patientenrechtegesetz:

Im Zusammenhang mit Einsichtsrechten gehen Persönlichkeitsrechte des Patienten denen des Arztes so gut wie immer und in Bezug auf alle Eintragungen vor!

Eine nähere Abwägung und die Herausbildung allgemein anerkannter Ausnahmen durch die Rechtsprechung bleibt abzuwarten!

💥 Vermehrtes Gebrauchmachen von Einsichtsrechten zu erwarten!

✎ **Praxistipp**

Automatisiertes Verfahren zur Erledigung von Einsichtsanfragen entwickeln!

Dabei ist zu beachten:

ⓘ Erfüllung des Einsichtnahmeverlangens

Der Anspruch auf Einsicht wird durch Zurverfügungstellung der Behandlungsunterlagen im Original zur Einsichtnahme vor Ort oder durch Bereithalten von gefertigten Kopien gegen angebotene Kostenerstattung erfüllt!

Die Patientenakte ist Eigentum des Behandelnden!

Gewährung der Einsichtnahme „unverzüglich!" = „ohne schuldhaftes Zögern", d. h. alles, was einem „sofort" entgegensteht, muss plausibel begründet werden können!

ⓘ Verzug mit der Erfüllung des Einsichtnahmeverlangens

Solange Kostenerstattung nicht ausdrücklich angeboten wird, besteht keine Verpflichtung zur Herstellung von Kopien!

Eine Aufforderung zur Herstellung von Kopien ohne Kostenangebot setzt nicht in Verzug hinsichtlich des Einsichtverlangens!

ⓘ Kopierkosten

Pro Seite je nach Aufwand (Fertigung der Kopien) etwa 30 bis maximal 50 Cent!

Weiterer Arbeitsaufwand (Heraussuchen der Akten, Durchsicht, Versandaufwand etc.) kann nicht berechnet werden!

ⓘ Portokosten

Tatsächlich entstehende Porto- bzw. Versandkosten!

Angemessen: Kosten für ein persönliches Einschreiben mit Rückschein für einen Maxibrief.

ⓘ Einsichtsrecht der Erben

Regel: Einsichtsrecht bei Geltendmachung von Vermögensinteressen anzunehmen.

Verweigerungsgrund:
Wissen um einen entgegenstehenden (mutmaßlichen) Willen des verstorbenen Patienten

ⓘ Einsichtsrecht naher Angehöriger

Einsichtsrecht bei Geltendmachung immaterieller Interessen durch Ehegatten, Lebenspartner, Kinder, Eltern, Geschwistern oder Enkel

Verweigerungsgrund:
Wissen um einen entgegenstehenden (mutmaßlichen) Willen des verstorbenen Patienten

ⓘ Keine eidesstattliche Versicherung

Für das Verlangen, eine eidesstattliche Versicherung zu Vollständigkeit, Lückenlosigkeit und Authentizität der Patientenakte abzugeben, besteht weiterhin keine gesetzliche Grundlage!

8 Arzthaftungsprozess – Beweislast bei behaupteten Behandlungs- und Aufklärungsfehlern – § 630h BGB

§ 630h BGB

(1) Ein Fehler des Behandelnden wird vermutet, wenn sich ein allgemeines Behandlungsrisiko verwirklicht hat, das für den Behandelnden voll beherrschbar war und das zur Verletzung des Lebens, des Körpers oder der Gesundheit des Patienten geführt hat.

(2) Der Behandelnde hat zu beweisen, dass er eine Einwilligung gemäß § 630d eingeholt und entsprechend den Anforderungen des § 630e aufgeklärt hat. Genügt die Aufklärung nicht den Anforderungen des § 630e, kann der Behandelnde sich darauf berufen, dass der Patient auch im Fall einer ordnungsgemäßen Aufklärung in die Maßnahme eingewilligt hätte.

(3) Hat der Behandelnde eine medizinisch gebotene wesentliche Maßnahme und ihr Ergebnis entgegen § 630f Absatz 1 oder Absatz 2 nicht in der Patientenakte aufgezeichnet oder hat er die Patientenakte entgegen § 630f Absatz 3 nicht aufbewahrt, wird vermutet, dass er diese Maßnahme nicht getroffen hat.

(4) War ein Behandelnder für die von ihm vorgenommene Behandlung nicht befähigt, wird vermutet, dass die mangelnde Befähigung für den Eintritt der Verletzung des Lebens, des Körpers oder der Gesundheit ursächlich war.

(5) Liegt ein grober Behandlungsfehler vor und ist dieser grundsätzlich geeignet, eine Verletzung des Lebens, des Körpers oder der Gesundheit der tatsächlich eingetretenen Art herbeizuführen, wird vermutet, dass der Behandlungsfehler für diese Verletzung ursächlich war. Dies gilt auch dann, wenn es der Behandelnde unterlassen hat, einen medizinisch gebotenen Befund rechtzeitig zu erheben oder zu sichern, soweit der Befund mit hinreichender Wahrscheinlichkeit ein Ergebnis erbracht hätte, das Anlass zu weiteren Maßnahmen gegeben hätte, und wenn das Unterlassen solcher Maßnahmen grob fehlerhaft gewesen wäre.

8.1 Beweislast – Was ist das?

Beweisrecht ist ein Teil des Prozessrechts. Allgemeine Beweisregeln für den Zivilprozess finden sich in der Zivilprozessordnung. Vereinzelte Beweisregeln finden sich auch im Bürgerlichen Gesetzbuch. Eine Norm, die sich so vielen unterschiedlichen Beweiskonstellationen widmet wie der neue § 630h BGB, ist außergewöhnlich.

Die Beweislast meint nun das Risiko einer Partei, im Prozess (nur) wegen der Nichterweislichkeit einer ihren Anspruch stützenden Tatsache zu unterliegen.

Das heißt für die Arzthaftung:
Zentrale Haftungsnorm für die Pflichtverletzungen aus dem Behandlungsvertrag ist § 280 Abs. 1 BGB:

„Verletzt der Schuldner eine Pflicht aus dem Schuldverhältnis, so kann der Gläubiger Ersatz des hierdurch entstehenden Schadens verlangen. Dies gilt nicht, wenn der Schuldner die Pflichtverletzung nicht zu vertreten hat."

Entsprechend muss der Patient, der wegen einer Falschbehandlung Schadensersatz begehrt, dem Arzt die verschuldete (also vom Schuldner zu vertretene) Pflichtverletzung (Behandlungsfehler) als Ursache („hierdurch") für seinen Schaden (Gesundheitsbeeinträchtigung) und diesen Schaden selbst nachweisen.

Zu beweisen ist also im Einzelnen:
> die Pflichtverletzung
> die Gesundheitsbeeinträchtigung
> das Verschulden (also ein mindestens fahrlässiges Verhalten) des Arztes hinsichtlich der Pflichtverletzung
> die Kausalität der Pflichtverletzung für den Schaden (Fehler-Folge-Zusammenhang)

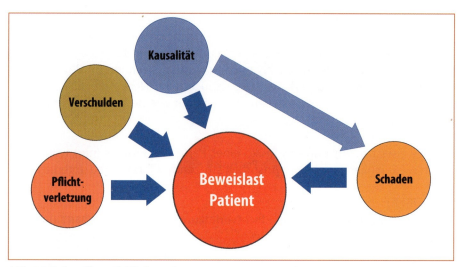

Abb. 24: Behandlungsfehlerbeweis

Das ist ein recht heftiges Paket und so birgt ein Arzthaftungsprozess für den Patienten ein hohes Prozessrisiko. Gelingt es nicht, das Gericht mit allen zur Verfügung stehenden Beweismitteln von einem vorwerfbaren Behandlungsfehler zu überzeugen, kann dieser aber auch nicht ausgeschlossen werden, so geht diese Unsicherheit, das sog. „non liquet", zu Lasten des Patienten. Er verliert den Haftungsprozess.

Richterrechtlich sind nun für bestimmte Fallkonstellationen Modifikationen dieser allgemeinen Beweisgrundsätze vorgenommen worden, um den Patienten nicht unzumutbar mit Beweisschwierigkeiten zu belasten. Kurz: Die Beweisführung wird dem Patienten leichter gemacht. Grundlage ist die Überlegung, dass der Arzt den Streitstoff, also den Sachverhalt rund um die Behandlung, naturgemäß besser überblickt als der Patient. Zur Gewährleistung der sog. „Waffengleichheit" vor Gericht sind diese Beweiserleichterungen verfassungsrechtlich zulässig und geboten (BVerfG VersR 1979, 907,914).

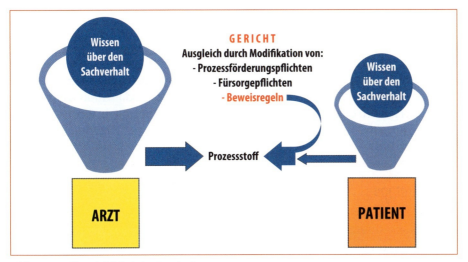

Abb. 25: Waffengleichheit im Arzthaftungsprozess

Im Einzelnen ist dies juristisch äußerst schwieriges Terrain, weshalb hier nur ein auf das Wesentliche verkürzter und vereinfachter Überblick gegeben werden kann. Soweit von der Behandlungsseite zumindest die einzelnen Ansatzpunkte des Beweisrechts nachvollzogen werden können, ist es möglich, auf eine mögliche spätere Beweissituation hin optimierte Verhaltensweisen zu entwickeln.

Im neuen § 630h BGB versucht sich der Gesetzgeber an einem Abbild der gegenwärtigen Rechtsprechung. Zu ungeklärten Problemkreisen, Widersprüchen und umstrittenen Tendenzen hat das Patientenrechtegesetz allerdings rein gar nichts aufgegriffen und einer gesetzlichen Klärung unterworfen.

Zum Grundsätzlichen:
§ 630h BGB hilft dem Patienten über typische Beweisschwierigkeiten durch verschiedene sog. gesetzliche Vermutungen hinweg. Diese bewirken, dass eine für den Patienten günstige Tatsache, die schwer zu beweisen ist, vermutet wird, sofern einige andere, regelmäßig unstreitige oder leichter zu beweisende Umstände, gegeben sind.

Die Behandlungsseite muss entweder die Tatsachen, auf die sich die Vermutung stützt, erschüttern, so dass schon die Vermutungsfolge vermieden wird oder sie muss das Gegenteil der zugunsten des Patienten vermuteten Tatsache beweisen. Wird etwa ein schuldhaftes Verhalten vermutet, hat sie den sog. Entlastungsbeweis zu führen.

Für die ordnungsgemäße Aufklärung und Einwilligung liegt die Beweislast vollumfänglich beim Behandelnden.

Im Einzelnen:

8.2 Beweislastumkehr: Voll beherrschbare Risiken

Die in § 630h Abs. 1 BGB geregelte Rechtsfigur des sog. „voll beherrschbaren Risikos" wird bald 100 Jahre alt. Grundlage zur Beweismodifikation war, dass es unbillig erschien, dass der Patient im Prozess chancenlos blieb, wenn sich eine Schadensursache nicht mehr mit der nötigen Beweiskraft klären ließ, obwohl klar war, dass die Pflichtverletzung auf jeden Fall aus einem gänzlich der Behandlungsseite zuzuordnenden Verantwortungsbereich stammte.

Der Bundesgerichtshof (etwa NJW 1995, 1618) sieht es deshalb so, dass *„bei der Verwirklichung von Risiken, die nicht vorrangig aus den Eigenheiten des menschlichen Organismus erwachsen, sondern durch den Klinikbetrieb oder die Arztpraxis gesetzt und durch sachgerechte Organisation und Koordinierung des Behandlungsgeschehens objektiv voll beherrscht werden können"* die Darlegungs- und Beweislast für Verschuldensfreiheit bei der Behandlungsseite liegt.

Eine der Behandlungsseite vorwerfbare Pflichtverletzung wird also vermutet, wenn sich eine Gefahr verwirklicht hat, die dem Herrschafts- und Organisationsbereich des Behandelnden zuzuordnen ist und der Behandelnde die Gefahren aus diesem Bereich eigentlich völlig ausschließen, also voll beherrschen, kann.

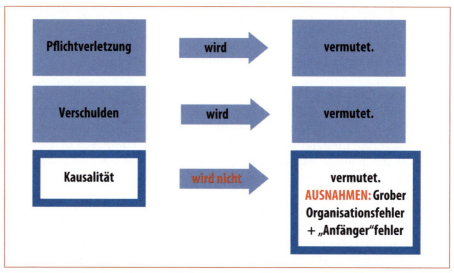

Abb. 26: Beweislastumkehr bei voll beherrschbaren Risiken

Die Pflicht zu gehöriger Organisation und Koordinierung des Behandlungsablaufs belastet die Behandlungsseite mit der Gewährleistung eines generellen Sicherheits-Standards der Behandlung gegen „allgemein bekannte Risiken" (BGH NJW 2007, 1682; aufgrund dieser Formulierung spricht das Gesetz etwas missverständlich von „allgemeinen" Behandlungsrisiken). Hierzu zählen alle bekannten Risiken, die mit Sicherheit ausgeschlossen werden können. Solche hat die Rechtsprechung in verschiedenen Bereichen ausgemacht, die nach der Gesetzesbegründung alle von der Regelung in § 630h Abs. 1 BGB erfasst sind:

› technisch-apparativ geprägte Behandlungsmaßnahmen (Gerätesicherheit, Bedienungssicherheit)
› nicht-fachmedizinisch geprägte „Verrichtungen" am Patienten und überwachende Leistungen („Verrichtungssicherheit": Lagerung, Funktions-/Körperpflege, Mobilitätsunterstützungsleistungen, Überwachung nur eingeschränkt selbständig möglicher Verrichtungen des Patienten; Überwachung von technischen Anwendungen/Maßnahmen)
› Organisation und Koordination von Behandlungsabläufen (inklusive Personaleinsatz, Hygienemaßnahmen)

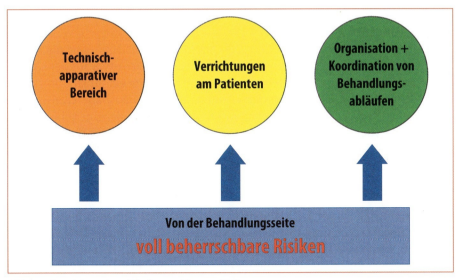

Abb. 27: Bereiche mit voll beherrschbaren Risiken

In der Theorie ist diese Beweiserleichterung sehr gut nachvollziehbar, in der Praxis wird es oft schwierig. Die Vorgänge innerhalb eines Behandlungsgeschehens, die tatsächlich vollständig von der Behandlungsseite kontrollierbar (abstrakt-theoretisch! Natürlich ist faktisch nichts in Menschenhand voll beherrschbar!) sind, kann man nicht einfach so aufzählen. Im Einzelnen ist vieles höchst umstritten. Es ist darauf hinzuweisen, dass sich in den letzten Jahren eine Tendenz zur immer extensiveren Interpretation abzeichnet. Gegner dieser Rechtsprechung fragen schon mal zynisch, wie viel Schicksal eigentlich noch sein darf. Mit der Kodifizierung ist nun sicher keine Einschränkung der Fälle zu erwarten.

> **technisch-apparativer Bereich**

Jene Ausgangsfälle, die einmal die Rechtsfigur ins Leben riefen, sind durchaus nachvollziehbar mit Beweismodifikationen belegt worden, dies gilt vor allem für den technisch-apparativen Bereich.

Einbezogen sind mittlerweile alle Gefahren im Zusammenhang mit der Verwendung technischer Hilfsmittel/Apparaturen (Bsp.: Ausfall der Herz-Lungen-Maschine). Diese Gefahren sind durch entsprechende Sicherheits- und Kontrollprogramme vollständig auszuschließen. Es darf also nur Technik zur Anwendung kommen, die dem medizinischen Standard entspricht und die durch geschultes Fachpersonal regelmäßig gewartet, bedient und in ihrer Funktionsfähigkeit überwacht wird.

Kommt es im Zusammenhang mit einer „Apparate-Behandlung" zu einem Schaden, wird vermutet, dass dieser auf einer vorwerfbaren Pflichtverletzung der Behandlungsseite beruht.

> **Lagerungsfälle**

Schwieriger wird es bereits bei den „OP-Lagerungsfällen". Hier geht die Rechtsprechung zwar davon aus, dass die Risikofaktoren, die sich etwa aus der körperlichen Konstitution des Patienten ergeben, ärztlicherseits eingeplant und dementsprechend ausgeschaltet werden können, allerdings ausnahmsweise dann nicht, wenn in der Gesundheitsverletzung zugleich eine andere, gegebenenfalls unbekannte oder nicht zu erwartende Disposition des Patienten „durchschlägt", die diesen für das verwirklichte Risiko anfällig macht (die Gesetzesbegründung zitiert hier BGH NJW 1995, 1618 – Lagerungsschaden wegen anomalen Engpassyndroms).

Die Dekubitusfälle wurden bislang nicht einheitlich als voll beherrschbar eingestuft. Die Rechtsprechung löst hier überwiegend nicht mit der Beweislastumkehr, hilft dem beweisbelasteten Patienten aber dennoch zumeist durch die Annahme einer indiziellen Wirkung für einen Pflegefehler im Fall der hier häufig vorkommenden Dokumentationsmängel bezüglich der notwendigen Prophylaxemaßnahmen (OLG Düsseldorf PflR 2005, 62).

> **Sturz- und Transportfälle**

Sturz- und Transportrisiken sind ebenfalls durch die Behandlungsseite auszuschließen. Voll beherrschbar sind hier aber nicht alle Vorfälle, sondern es geht um Stürze im Beisein einer Pflegekraft oder Sturzvorfälle im Zusammenhang mit einer gebotenen, jedoch unzureichenden Sturzprophylaxe (ungenügende Fixierung).

Eine Sturzgefahr wird damit zum voll beherrschbaren Risiko, wenn sich der Patient in der Obhut einer mit der Aufgabe seiner Begleitung betrauten Pflegekraft und damit im unmittelbaren Einwirkungsbereich des Pflegepersonals befindet. Dann muss der Geschädigte im Prozess nicht einmal ein konkretes Fehlverhalten des Pflegepersonals benennen (Kammergericht Berlin GesR 2008, 425).

Schwieriger sind solche Fälle, bei denen sich die Maßnahme nicht klar und ausschließlich dem Aufgabenbereich des Pflegepersonals zuordnen lässt, sondern medizinische Entscheidungen in die Verrichtung mit hineinspielen, wie etwa die Beurteilung der „Rollstuhlfähigkeit" an sich (Kammergericht Berlin MedR 2006, 182). Vorgänge mit Bezug zum Kernbereich ärztlicher Tätigkeit sind nicht voll beherrschbar.

› **Hygienemängel/Nosokomiale Infektion**
Die Gesetzesbegründung führt den Hygienebereich – ohne die in der Rechtsprechung übliche Differenzierung – als im Ganzen voll beherrschbar auf, indes ist auch hierzu anzumerken, dass die Intention des Gesetzgebers klar die Festschreibung der Spruchpraxis war, so dass die diesem Ziel an dieser Stelle widersprechende Begründung nicht geeignet erscheint, Ansatzpunkt für Änderungen zu sein.

Auch Hygienerisiken sind nur dann voll beherrschbar, wenn ihre Realisierung durch Organisation und Kontrolle sicher vermieden werden kann. Dabei kann der Einsatz steriler Instrumente, Apparaturen, Desinfektionsmittel oder Injektions-/Infusionsflüssigkeit als im Sinne der Beweisregel voll beherrschbar gelten. Bei einer damit zusammenhängenden Gesundheitsbeeinträchtigung wird eine vorwerfbare Pflichtverletzung der Behandlungsseite vermutet. Die Kausalität zwischen Pflichtverletzung und Schaden muss aber weiterhin der Patient beweisen. Hier hilft ihm gelegentlich der Anscheinsbeweis, wenn insgesamt gravierende Hygienemängel vorliegen oder ein Verstoß gegen Hygienevorschriften in zeitlichem Zusammenhang mit dem Gesundheitsschaden auftritt (etwa BGH VersR 2005, 1347; OLG Düsseldorf NJW-RR 1998, 179).

Infektionsgeschehen im Krankenhaus sind kompliziert und Infektionsketten kaum kausal vollends nachvollziehbar, die Unterscheidung in exogene oder endogene Ursachen schwierig. Die Rechtsprechung zu den Hygienefällen ist ebenso kompliziert, betrifft ein Zusammenspiel verschiedener Organisationspflichten im Zusammenhang mit Hygienevorschriften und dem Einsatz kontaminierten Personals.

Der Rat an die Behandlungsseite ist hier dennoch so einfach wie allumfassend: Standardgemäße Behandlung im Hygienebereich ist durch die Umsetzung anerkannter Hygieneprogramme wie der Krinko Empfehlungen des Robert-Koch-Instituts (§ 23 Abs. 1 IfSG, dazu noch im Folgenden) sicherzustellen. Werden diese Vorschriften nachweisbar eingehalten, kann bei Infektionsgeschehen eine

Haftung wegen Organisationsfehlern vermieden werden, weil es dann keinen Anhaltspunkt gibt, an der Schicksalhaftigkeit der Verläufe zu zweifeln.

> **Sonstige Organisationsmängel**

Jedes Behandlungsgeschehen läuft innerhalb eines organisatorischen Rahmens ab. Die Behandlungsseite trifft die Pflicht, den Behandlungsablauf auch außerhalb der o.g. Teilbereiche insgesamt so zu organisieren und zu koordinieren, dass dem Patienten hierdurch keine (Gesundheits-)Gefahren entstehen. Hierzu gehört der in jeder Hinsicht sorgfaltsgemäße Einsatz der zur Behandlung notwendigen sächlichen und personellen Mittel.

Beispiele:
> Vorhaltung des benötigten Personals (Schichtpläne, Arbeitseinteilungen) und der sächlichen Mittel (etwa Medikamente, Prothesen o.ä.)
> Sicherstellung gefahrloser Nutzung der Krankenhauseinrichtung
> Sicherung der Koordination von Behandlungsabläufen und der (rechtzeitigen) Weitergabe von Informationen und Daten(trägern)
> Sicherstellung des Nichtverbleibens von Fremdmaterial im Operationsgebiet
> Sicherstellung der Überwachung von noch unter Narkoseeinfluss stehenden Patienten, auch bei ambulanten Eingriffen („Street-ready"-Check)
> Aufklärungsorganisation

> **Entlastungsbeweis**

Die Haftung für voll beherrschbare Risiken ist trotz der Beweiserleichterungen durch den sog. Entlastungsbeweis abwendbar:

Im Einzelnen:

> **Entlastungsbeweis im Hygienebereich**

Die beste Haftungsvermeidung ist die nachweisbare Einhaltung bestehender Hygienevorschriften.

Die in § 23 Abs. 3 Satz 1 Infektionsschutzgesetz formulierte Verpflichtung der darin genannten Einrichtungen, die Regeln der Hygiene (KRINKO Empfehlungen des Robert-Koch-Instituts) zu beachten, ist umzusetzen. Entsprechend sind alle erforderlichen Maßnahmen zur Erkennung, Verhütung und Bekämpfung von Infektionen zu treffen und ist die Weiterverbreitung von Krankheitserregern, insbesondere solchen mit Resistenzen, zu vermeiden. Dies bildet den Mindeststandard des im Streitfall nachzuweisenden Pflichtenprogramms. Dazu gehört auch der Einsatz des erforderlichen Fachpersonals (Krankenhaushygieniker, Hygiene Beauftragte, Hygienefachkraft). Verantwortlichkeiten müssen klar geregelt sein und der Personalschlüssel im vorgegebenen Kalkulationsverfahren festgelegt werden.

Sorgfaltsgemäße Hygiene-Organisation betrifft also
› den hierauf bezogenen Personaleinsatz
› die Aufstellung, Bekanntmachung und Einhaltung geeigneter und vollständiger Hygiene-, Reinigungs- und Desinfektionspläne und Meldesysteme
› die Kontrolle und Dokumentation der Maßnahmen
› die fortwährende Überprüfung der Geeignetheit der Maßnahmen zur Gefahrenabwehr (Anpassung an die Weiterentwicklung der jeweiligen Vorschriften)
› die Anfertigung von Infektionsstatistiken

Der Entlastungsbeweis ist erst geführt, wenn die Behandlungsseite nachweist, dass sie standardgemäß alle organisatorischen und technischen Vorkehrungen gegen vermeidbare Keimübertragungen getroffen hat. Dies gelingt nicht, wenn sich ergibt, dass elementare Hygienegebote missachtet worden sind (BGH NJW 2007, 1682). Zweiter Ansatz für Hygiene-Organisationshaftung ist die rechtzeitige und gebotene Reaktion bei realisierten Infektionsgeschehen.

Kurz:
Ein einziges schwaches Glied in der Kette kann über die verschiedenen Vermutungsregeln zu weit reichender Organisationshaftung führen!

Die Dokumentation ist essentiell! Allen Maßnahmen müssen schriftliche Belege wie Stellen-/Einsatzpläne, Hygieneprotokolle, Listen oder Verträge zuzuordnen sein! Einerseits bleibt zur Beweisführung der Einhaltung des Pflichtenprogramms sonst nur das Sachverständigengutachten, andererseits ist lückenhafte Dokumentation Indiz dafür, dass mindestens die Kontrolle unzureichend ist.

› **Entlastungsbeweis bei Lagerung/Bewegung/Transport**
Der Entlastungsvortrag in den Verrichtungsfällen muss dahin gehen, dass alles getan wurde, was die Sicherheit des Patienten und den Ausschluss der sich durch die Maßnahme ergebenden Gefahr gewährleistet.

Bsp. „Rollstuhlfahrt":
Gerät sicher und standfest
Geeignetheit des konkreten Geräts für den Zweck
Korrekte Platzierung (Sitzposition, Fixierung)
Ausreichende Überwachung

Bsp. „Einschieben eines auf einer Trage liegenden Patienten in ein Fahrzeug"
absolute Liegesicherheit
gefahrlose Handhabe des Liegetransports (Trage- und Einschiebevorgang)
Einrechnung aller patienteneigenen Bewegungen (auch plötzliches Aufrichten)

› **Entlastungsbeweis bei Gerätemangel**
Die Behandlungsseite muss bei Schäden durch Geräteeinsatz die Vermutung von objektiver Pflichtverletzung und Verschulden widerlegen. War das eingesetzte Gerät defekt oder hat nicht mangel- /bzw. störungsfrei gearbeitet, so ist der Nachweis zu führen, dass
› das Gerät sachgemäß gewartet worden ist
› der Defekt nicht vorhersehbar oder erkennbar war und
› dass der ordnungswidrige Gerätezustand nicht von ihm oder einem seiner Gehilfen verschuldet ist bzw. dass jedenfalls eine gebotene Überprüfung der Gerätes vor dem Einsatz stattgefunden hat
› ein Bedienungsfehler ausgeschlossen ist.

Für nicht erkennbare Produktmängel haftet allein der Hersteller nach den Grundsätzen des Produkthaftungsgesetzes.

› **Entlastungsbeweis bei sonstigen Organisationsfehlern**
Erforderlich ist der Beweis einer Organisationsroutine, die das verwirklichte Risiko im Normalfall sicher ausschließt. Dies geschieht durch die lückenlose Dokumentation der vorschriftsmäßigen Umsetzung eines nachweisbar zum Risikoausschluss geeigneten Risk-Management-Systems!

8.3 § 630h Abs. 2 BGB – Beweislast für Einwilligung und Aufklärung

Der Beweis ordnungsgemäßer Aufklärung und wirksamer Einwilligung oblag auch vor dem Patientenrechtegesetz – entgegen den üblichen Grundsätzen sonstiger Vertragshaftung – der Behandlungsseite. Der Patient muss also nur die Pflichtverletzung „Aufklärungsversäumnis" behaupten, der Behandelnde sodann beweisen, dass die Aufklärung ordnungsgemäß war. Kann im Prozess nicht mehr sicher festgestellt werden, ob die Aufklärung nun korrekt war oder nicht, geht das zu Lasten der Behandlungsseite. Der Patient dringt mit seiner Aufklärungsrüge durch.

8.3.1 Beweisumfang

Im Einzelnen erstreckt sich die Darlegungs- und Beweislast des Arztes auf:
› Zeit, Ort, Mündlichkeit der Aufklärung
› korrekte Risikodarstellung entsprechend „state of the art"
› korrekte Darstellung der Dringlichkeit der Maßnahme
› die Entscheidung des Patienten in Kenntnis aller Umstände
› die Umstände einer behaupteten Entbehrlichkeit des Aufklärung (Bsp.: anderweitige Aufklärung durch überweisenden Kollegen/eigenes Fachwissen)

Bisher war es so, dass die Vorgaben für eine ausreichende Beweisführung nicht an das Vorhandensein von Aufklärungsunterlagen als Regelfall anknüpfen konnten. Entsprechend trug die Rechtsprechung der erschwerten Beweisführung des Arztes für das (oft ohne Zeugen geführte) Aufklärungsgespräch Rechnung und stellte keine allzu hohen Anforderungen. Insoweit hat der BGH vorgegeben, dass es ausreicht, wenn „einiger Beweis für ein gewissenhaftes Aufklärungsgespräch" erbracht ist, um auf die insgesamt ordnungsgemäße Aufklärung zu schließen.

Hier sind nun Verschiebungen durch die Vorgabe behandlungsrelevante Einwilligungen und Aufklärungen zu dokumentieren, zu erwarten. Dies gilt jedenfalls für die Fälle, in denen nicht ohnehin schon die Verwendung von Aufklärungsvordrucken die Regel ist. Eine Verschärfung der Beweisanforderungen für den Aufklärungsbeweis wird sich im Zusammenspiel mit § 630h Abs. 3 BGB ergeben: Alle eigentlich dokumentationspflichtigen Umstände der Aufklärung, die nicht dokumentiert sind, gelten als nicht stattgefunden bzw. es wird unterstellt, sie hätten sich so ereignet, wie der Patient es behauptet!

Hier versteckt sich eine Menge Zündstoff für die zukünftige Beweisführung beim Vorwurf eines Aufklärungsfehlers! Die Beweislast ist nicht verändert, aber die Beweisanforderungen werden strenger!

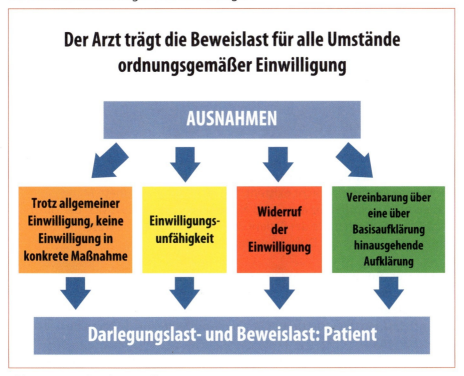

Abb. 28: Beweislast für Einwilligung

8.3.2 Hypothetische Einwilligung

§ 630h Abs. 2 Satz 2 BGB betrifft einen Rechtssatz, wonach ein Schädiger nicht haftet, sofern der verursachte Schaden bei rechtmäßigem Verhalten ganz genauso entstanden wäre. Dies wirkt sich im Fall des Aufklärungsfehlers so aus, dass die Behandlungsseite dem Patienten entgegen halten kann, dass die fehlerhafte Aufklärung unerheblich ist, weil der Patient auch bei korrekter Aufklärung in die Behandlungsmaßnahme eingewilligt hätte. Hierauf muss sich der Arzt ausdrücklich im Prozess berufen und zudem nachvollziehbare Tatsachen vortragen, die diese (ja hypothetische) Annahme rechtfertigen.

Im Ergebnis prüft der Richter, ob der Patient bei richtiger Aufklärung ebenfalls zugestimmt hätte oder ob er zumindest in einen „ernsthaften Entscheidungskonflikt" gekommen wäre, was er macht. Wäre er das höchstwahrscheinlich und liegt kein Fall vor, der dem Patienten auch aus seiner persönlichen Sicht eigentlich keine Wahl ließ, dann hilft der Einwand dem Arzt nicht und er haftet wegen Aufklärungsfehlers! Zwar spricht das Gesetz diese richterliche Vorgehensweise nicht an, aber ist nicht ersichtlich, dass eine Änderung der Rechtsprechung bewirkt werden soll. Eingriffe in das Konstrukt wären nämlich verfassungsrechtlich nicht unbedenklich. Der sog. „ernsthafte Entscheidungskonflikt" wird daher weiterhin eine wesentliche Rolle bei Aufklärungsfehlern spielen. Weil in Zukunft Dokumentation zur Aufklärung in größerem Umfang vorliegt, werden sich insgesamt Behauptungen zu Beweggründen für die Einwilligung in eine Maßnahme immerhin leichter nachprüfen lassen. Daher: Motivation und Abwägungsgewichtungen des Patienten dokumentieren!

8.4 § 630h Abs. 3 BGB – Beweislastumkehr: Dokumentationsmängel

Ein nicht dokumentierter, aber dokumentationspflichtiger Behandlungsumstand gilt beweisrechtlich als nicht existent. Die nicht aufgezeichnete Maßnahme gilt also als nicht getroffen bzw. es wird als wahr unterstellt, dass sich der Umstand genau so ereignet hat wie der Patient es schildert. Dies ist die wesentlichste Konsequenz ungenügender Dokumentation.

Wichtigster Ansatzpunkt ungenügender Dokumentation ist der Befunderhebungsfehler. Ist nicht dokumentiert, dass ein bestimmter Befund erhoben wurde, gilt er als versäumt. War die Befundung unbedingt geboten, stellt sich die Unterlassung direkt als grober Behandlungsfehler mit weiteren beweisrechtlichen Folgen dar.
Hätte sich auf eine angezeigte Befundung mit mehr als 50 %-iger Sicherheit ein reaktionspflichtiges Ergebnis gezeigt, so liegt ein einfacher Befunderhebungsfehler vor, der ebenfalls noch in einen groben Behandlungsfehler umschlagen

kann, wenn das Unterlassen der dann gebotenen Reaktion für sich hätte als grob fehlerhaft gewertet werden müssen (dazu unten zu Abs. 5).

Befunde nicht (lückenlos) zu dokumentieren kann demnach beweisrechtliche Folgen haben, die es im Ergebnis unmöglich machen, den durch Vermutungen gepflasterten Anspruchsweg des Patienten noch zu durchkreuzen.

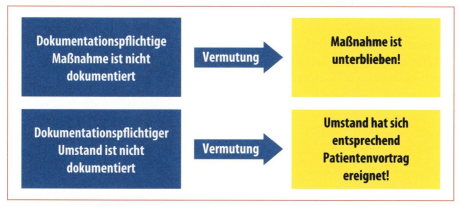

Abb. 29: Gegenstand der Vermutung bei Dokumentationsfehler

8.5 § 630h Abs. 4 BGB – Gesetzliche Vermutung bei Anfänger-Behandlung

In § 630h Abs. 4 BGB geht es um die Zuweisung des Prozessrisikos bei Haftungsklagen im Zusammenhang mit dem Einsatz von (noch) nicht ausreichend zur Durchführung der ärztlichen Maßnahme befähigten Ärzten. Ob ein Fehlschlag oder der (teilweise) Misserfolg einer Behandlung letztlich auf diese mangelnde Befähigung zurückzuführen ist, ist oftmals schwer beweisbar. Bleibt es offen, ob hier ein Zusammenhang besteht, verliert nach den normalen Beweisregeln eigentlich der Patient den Prozess.

Die Rechtsprechung hat aus Billigkeitsgesichtspunkten eine Beweislastsonderregel entwickelt und vermutet die Ursächlichkeit des Anfängereinsatzes für den Schadenseintritt. Bei einer aus unbekannten Gründen fehlgeschlagenen Operation durch einen Anfänger muss sich dieser und müssen sich die ihn einsetzenden Ärzte vom Vorwurf entlasten, dass der Fehlschlag auf der (noch) mangelnden Qualifikation des Berufsanfängers beruht. Der Einsatz des Anfängers ist für die ihn einsetzenden Personen insoweit „voll beherrschbar" als organisatorisch Vorsorge für den Fall einer Problemsituation geschaffen werden kann. Dem Patienten darf kein zusätzliches Risiko entstehen, denn die Risikoerhöhung stammt aus der Sphäre der Behandlungsseite. Sie muss alles tun, um das Risiko abzufangen und dennoch den geschuldeten Facharztstandard zu garantieren.

Welche Maßnahmen zu treffen sind, richtet sich nach dem Einzelfall.

Für den jungen Arzt und den/die ihn einsetzenden Kollegen gilt: Es muss immer der Stand des theoretischen Wissens des Berufsanfängers bezüglich des konkreten Eingriffs überprüft werden und – soweit diese einen Einsatz erlauben – dann anhand der praktischen Erfahrungen entschieden werden, wie eng die Anleitung, Überwachung und Eingriffsbereitschaft durch einen Facharzt gesteckt sein muss (BGH NJW 1992, 1560).

Überspitzt und in Anlehnung an die Tatbestände in Abs. 1 formuliert, ist der Anfänger hier das technische Gerät, also sorgfaltsgemäß auszusuchen (Eignung), einzusetzen (Vorbereitung auf die Maßnahme) und zu überwachen (Kontrollintensität nach Bedarf; in der Chirurgie: ständige Eingriffsbereitschaft des erfahrenen Facharztes!).

8.6 § 630h Abs. 5 BGB – Beweislastumkehr bei groben Behandlungsfehlern

§ 630h Abs. 5 Satz 1 BGB nimmt die von der Rechtsprechung entwickelte Beweislastumkehr im Fall eines besonders schweren, eines sog. „groben", Behandlungsfehlers auf. Anknüpfungspunkt ist die durch schwere Sorgfaltsverstöße meist erst recht erschwerte nachträgliche Aufklärbarkeit des tatsächlichen Behandlungsgeschehens. Dass sich für den Patienten die Beweisführung ausgerechnet dann besonders verkompliziert, wenn ein grober Behandlungsfehler die Ursachenketten nahezu unaufklärbar macht, ist unbillig. Der BGH entlastet den Patienten hier in ständiger Rechtsprechung vom Kausalitätsbeweis (BGH NJW 2009, 1668).

8.6.1 Vermutung des Ursachenzusammenhangs

Bei einem groben Behandlungsfehler, der einen Schaden der tatsächlich eingetretenen Art immerhin möglich erscheinen lässt, wird der Ursachenzusammenhang vermutet!

Abb. 30: Grober Behandlungsfehler

Dafür reicht aus, dass der grobe Behandlungsfehler geeignet ist, den eingetretenen Schaden zu verursachen; nahe legen oder wahrscheinlich machen muss der Fehler den Schaden nicht (BGH NJW 2004,2011). Allerdings darf der Ursachenzusammenhang im konkreten Fall nicht äußerst unwahrscheinlich sein (etwa BGH VersR 2011, 1148). Dieses Korrektiv gilt weiterhin, wenngleich entsprechende Fallkonstellationen selten sind. Auch eine 90 %-ige Unwahrscheinlichkeit ist nicht zwingend eine „äußerste Unwahrscheinlichkeit" (BGH 2004, 2011). Eine Beweislastumkehr findet nach der Gesetzesbegründung nicht statt, wenn sich eindeutig nicht das Risiko verwirklicht hat, dessen Nichtbeachtung den Fehler als grob erscheinen lässt (zurückgehend auf BGH NJW 2005, 427) oder wenn der Patient durch sein Verhalten ebenfalls erheblich dazu beigetragen hat, dass der Verlauf des Behandlungsgeschehens nicht mehr aufgeklärt werden kann (zurückgehend auf KG, VersR 1991, 928 mit Nichtannahmebeschluss BGH v. 19. Februar 1991 - VI ZR 224/90).

8.6.2 Merkmal „grob"

Eine Legaldefinition des groben Behandlungsfehlers fehlt weiter.

Die geltende Rechtsprechung sieht den groben Behandlungsfehler als ein medizinisches Fehlverhalten, das aus objektiv ärztlicher Sicht bei Anlegung des für einen Arzt geltenden Ausbildungs- und Wissensstandes nicht mehr verständlich und verantwortbar erscheint, weil ein solcher Fehler dem Arzt schlechterdings nicht unterlaufen darf (BGH VersR 2012, 227).

Die Feststellung eines groben Behandlungsfehlers durch das Gericht erfolgt immer auf der Grundlage der vom medizinischen Sachverständigen mitgeteilten Fakten und fachmedizinischen Bewertung des Behandlungsablaufs (BGH NJW 2004, 2011; NJW 2001, 2791).

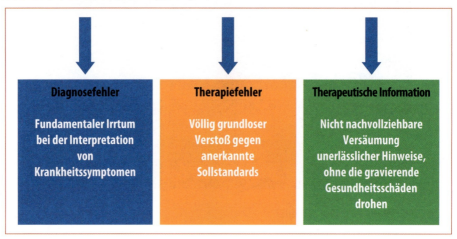

Abb. 31: Merkmal „grob" - Fehlerarten

Im Einzelnen:

› **grober Diagnosefehler:**
Ein Fehler bei der Interpretation von Krankheitssymptomen kann nur dann einen schweren Verstoß gegen die Regeln der ärztlichen Kunst und damit einen „groben" Diagnosefehler darstellen, wenn es sich um einen fundamentalen Irrtum handelt (BGH NJW 2008, 1381). Wegen der bei Stellung einer Diagnose nicht seltenen Unsicherheiten wird die Schwelle, von der ab ein Diagnoseirrtum als schwerer Verstoß gegen die Regeln der ärztlichen Kunst zu beurteilen ist, recht hoch angesetzt.

› **grober Therapiefehler**
Fehler in der Therapie betreffen die Wahl der Behandlungsmethode, das nähere Behandlungsvorgehen, die Sicherungsaufklärung des Patienten und die Befunderhebung. Grobe Fehler sind hier gegeben, wenn grundlos gegen anerkannte Sollstandards verstoßen wird. Die therapeutische Sicherheitsaufklärung ist dann grob fehlerhaft, wenn durch die nicht nachvollziehbare Versäumung normalerweise völlig selbstverständlicher Hinweise gravierende Gesundheitsbeeinträchtigungen drohen.

› **grober Organisationsfehler**
Die Beweisregel ist auch auf grobe Organisationsfehler anwendbar. Als grob ist ein Organisationsfehler dann zu werten, wenn die konkrete Sorgfaltspflicht-

verletzung eigentlich leicht vermeidbar war und ein erkennbar erhebliches Gefahrenpotential für den Patienten bedeutet (BGH NJW 1996, 2429).

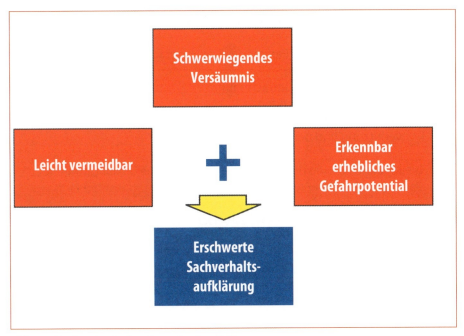

Abb. 32: Merkmale: Grober Organisationsfehler

> **einfacher Befunderhebungsfehler mit schwerer Folge –
> Absatz 5 Satz 2**

Bei einem einfachen Befunderhebungsfehler kommt eine Beweislastumkehr für die Frage des Ursachenzusammenhangs zwischen Gesundheitsschaden und versäumter Befundung in Betracht, wenn sich bei der gebotenen Abklärung der Symptome mit hinreichender Wahrscheinlichkeit ein so deutlicher und gravierender Befund ergeben hätte, dass dessen Verkennung sich als fundamental oder die Nichtreaktion auf ihn als grob fehlerhaft darstellen würde. Auch dieser Fehler muss aber generell geeignet sein, den tatsächlich eingetretenen Gesundheitsschaden herbeizuführen (BGH NJW 2011, 2508 f.).

Die Beweislastumkehr gilt nicht für Folgeschäden (Sekundärschäden als Folge des eigentlichen Gesundheitsschadens) der fehlerhaften Behandlung. Für den Ursachenzusammenhang zwischen Gesundheitsschaden und Folgeschaden gilt § 287 ZPO: Der Zusammenhang ist bewiesen, wenn er überwiegend wahrscheinlich ist!

8.7 Auf einen Blick: Zusammenfassung/Merkposten/To Dos

Beweislast für Behandlungsfehler im Prozess

ⓘ Grundsätzlich trägt der Patient die Beweislast für:
- die Pflichtverletzung
- die Gesundheitsbeeinträchtigung
- das ärztliche Verschulden
- den Ursachenzusammenhang zwischen der vorwerfbaren Pflichtverletzung und dem Schaden

ⓘ bleibt auch nur eine der zu beweisenden Tatsache unklar („non-liquet"): Patient verliert den Prozess!

⚡ Patientenrechtegesetz: Beweislastverschiebungen zugunsten des Patienten!!

Voll beherrschbare Risiken

Vermutung einer schadenstiftenden Pflichtverletzung der Behandlungsseite, soweit Risiken aus ihrem Organisationsbereich betroffen sind, die sie voll beherrschen kann!

Damit trägt die Behandlungsseite das Risiko für schadenstiftende Umstände
- aus dem technisch-apparativen Bereich
- im Zusammenhang mit nicht fachmedizinisch geprägten Verrichtungen am Patienten (v.a. Lagerung/Transport)
- im Zusammenhang mit der Organisation und Koordination von Behandlungsabläufen

⚡ Haftungsvermeidendes Verhalten:

ⓘ Haftungsvermeidung im Bereich der voll beherrschbaren Risiken korreliert mit der Güte des Risk-Management-Systems und seiner strikten Umsetzung!

ⓘ Unaufklärbare Sachverhalte gehen nur dann nicht zu Lasten der Behandlungsseite, wenn die Einhaltung eines organisatorischen Pflichtenprogramms zur Vermeidung des eingetretenen Risikos nachgewiesen werden kann!

- Risk-Management-System muss alle Organisationseinheiten umfassen!
- Risk-Management-System muss alle Risiken (Personal/Gebäude/ Gelände/sonstige Infrastruktur/allgemeine und spezielle technische Anlagen und Geräte/Verwaltung v. Patientendaten/Betriebsmittel wie Arzneimittel, medizinische Produkte, Wäsche usw.) umfassen!
- Risk-Management-System muss geeignete und anwendungssichere Maßnahmen zur Risikobeherrschung vorsehen (Hygiene: Krinko Empfehlungen!)
- Risk-Management-System muss nachweislich umgesetzt werden (Dokumentation/Überwachung/Kontrolle)
- Risk-Management-System selbst muss dynamisch sein (Anpassung an veränderte Umstände/geänderte Richtlinien)

💥 Ein einziges schwaches Glied in der Organisationskette wirkt umfänglich haftungsauslösend!

💥 Dokumentation der Aktivitäten im Rahmen des Pflichtenprogramms dient nicht nur der Kontrolle von Abläufen, sondern ist unerlässlich, um Beweisnachteile bei der Risikoverwirklichung im Organisationsbereich auszugleichen!

💥 Schwerwiegende Organisationsmängel entlasten den Patienten zusätzlich vom Kausalitätsbeweis (Ursache-Schadens-Zusammenhang)! Der grobe Organisationsmangel wird als Grund der Gesundheitsschädigung vermutet!!

Aufklärung und Einwilligung

ⓘ Beweislast: Behandlungsseite!

ⓘ Unklare Aufklärungssituation geht zu Lasten der Behandlungsseite!

💥 NEU! Patientenrechtegesetz:
Aufklärung und Einwilligung sind dokumentationspflichtig!
(Umfang in den Einzelheiten noch unbestimmt! Mindestumfang bei Nicht-Verwendung von Vordrucken: grobe Abbildung der wesentlichen Inhalte der Aufklärung!)

ⓘ Lücken in schriftlichen Aufzeichnungen zur Aufklärung haben beweisrechtliche Auswirkungen!

ⓘ Insgesamt Verschärfung der Beweisanforderungen für den Beweis ordnungsgemäßer Aufklärung!

Dokumentationsmängel

⚡ Nicht dokumentierte dokumentationspflichtige Umstände gelten als nicht existent oder als so geschehen wie der Patient es behauptet!
Hauptfall: Nicht dokumentierte Befunderhebung!
Erforderlich: Beweis des Gegenteils (etwa durch Zeugenbeweis)

⚡ NEU! Patientenrechtgesetz!
Dokumentationsumfang umfangreicher ⊠ Beweisfolgen umfangreicher

Anfängerfehler

ⓘ Geht bei der Behandlung durch einen Anfänger etwas schief, wird vermutet, dass das auf seinen Einsatz zurückgeht: Organisationsfehler der für seinen Einsatz (ggü. dem Patienten vertraglich) Verantwortlichen!

ⓘ Behandlungsseite muss sich von diesem vermuteten Vorwurf entlasten und das gelingt nur, wenn nachgewiesen werden kann, dass der Anfänger
 - sorgsam ausgesucht (ausreichende „Qualifikation" zumindest für einen Anfängereinsatz unter Aufsicht)
 - ausreichend in die konkrete Aufgabe eingewiesen
 - hinreichend überwacht
 - gewissenhaft kontrolliert
 - durch einen (Chirurgie: jederzeit!) einsatzbereiten Facharzt flankiert wurde.

⚡ Anfängereinsatz ist Organisationsfrage!
Check-Liste zum ordnungsgemäßen Anfängereinsatz (Auswahl/Einweisung/Einsatz/Überwachung) erleichtert Entlastungsbeweis!
Anfängereinsatz erhöht die Dokumentationspflichten!

⚡ Der Anfängereinsatz selbst ist die Besonderheit, die zur Dokumentation auch „normaler" Abläufe zwingt!!
Versäumnisse haben zusätzliche negative Beweisfolgen wegen lückenhafter Dokumentation!

Grobe Behandlungsfehler

ⓘ Patientenrechtegesetz: Keine Definition des „groben Behandlungsfehlers"
Einfacher Behandlungsfehler: „Kann auch dem üblicherweise sorgfaltsgemäß handelnden Arzt passieren."

Grober Behandlungsfehler: „So etwas darf einfach nicht passieren! Völlig unverständlich!"

ⓘ Den groben Behandlungsfehler muss der Patient beweisen! Dass der Fehler für den Schaden ursächlich war dann nicht mehr!!
Ist der grobe Fehler zumindest generell geeignet (mind. 10 % Wahrscheinlichkeit) die Schadensfolge zu verursachen, wird dieser Ursachenzusammenhang vermutet!!

💥 Merkmal „grob" im Prozess: Beurteilung des Richters unter zwingender Zugrundelegung und Bewertung der sachverständigen Gutachten/Aussagen!

💥 Ein einfacher Befunderhebungsfehler führt zur Beweislastumkehr, wenn hinreichend wahrscheinlich (mind. 50 %) ist, dass sich ein reaktionspflichtiges Ergebnis gezeigt hätte und die Nichtreaktion darauf ein grobes Versäumnis gewesen wäre!

C   Sonstige Patientenrechte im Patientenrechtegesetz

1 Änderungen im Sozialgesetzbuch V

Pflicht der Krankenkassen zur Unterstützung des Patienten bei Behandlungsfehler

Der neue Abs. 3a in § 13 SGB V dient der Beschleunigung des Bewilligungsverfahrens bei Leistungsanträgen.

Kann über einen Leistungsantrag nicht innerhalb von drei Wochen nach Antragseingang oder in Fällen, in denen eine gutachtliche Stellungnahme, insbesondere des Medizinischen Dienstes der Krankenversicherung, eingeholt wurde, nicht innerhalb von fünf Wochen nach Antragseingang entschieden werden, muss die Krankenkasse dies den Versicherten mit nachvollziehbarer Begründung schriftlich mitteilen. Aus ihrer Sphäre stammende Gründe sind nicht geeignet, Verzögerungen zu begründen; der Patient muss auch darüber informiert werden, ob der medizinische Dienst eingeschaltet werden soll und daher die 5 Wochen-Frist gilt.
Ohne eine hinreichende Begründung für die Verzögerung kann der Versicherte eine angemessene Frist zur abschließenden Bearbeitung, i. d. R zwei Wochen, setzen und sich bei fruchtlosem Ablauf, die Leistung selbst beschaffen. Sein Anspruch wandelt sich dann in einen Kostenerstattungsanspruch.

Die Änderung in § 66 SGB V führt zu einer Verpflichtung der Kranken- und Pflegekassen, ihre Versicherten bei Verdacht auf Behandlungsfehler zu unterstützen. Sie werden also im Einzelfall über abgefragte Unterstützungsleistungen nachprüfbar zu entscheiden haben.

Änderungen in § 73b SGB V räumen dem Patienten die Möglichkeit ein, seine Verpflichtungserklärung zur Teilnahme an der hausarztzentrierten Versorgung innerhalb von zwei Wochen zu widerrufen. Auf diese Widerrufsmöglichkeit muss die Krankenkasse in textlicher Form hinweisen, sonst läuft die Widerspruchsfrist nicht und der Widerruf bleibt länger möglich. Eine Rückwirkung ist nicht vorgesehen, so dass die Widerrufsmöglichkeit nur für nach Inkrafttreten des Gesetzes abgegebene Beitrittserklärungen gilt.

Beschwerdemanagement

In § 135a SGB V wird klargestellt, dass zu einem sachgerechten Qualitätsmanagement im stationären Bereich auch ein Beschwerdemanagement gehört. Es ist demnach Pflicht, die Patienten in geeigneter Form über ihre Beschwerdemöglichkeit vor Ort zu informieren, eine zügige und transparente Bearbeitung der Beschwerden sowie eine Unterrichtung über das Ergebnis und mögliche Konsequenzen zu gewährleisten und transparente Regelungen zur Wahrnehmung verschiedener Funktionen und zu Kompetenzen zu schaffen (z. B. Patientenfürsprecher, Patientenvertrauenspersonen, Ombudsleute, Qualitätsbeauftragten).

Die Richtlinien zum einrichtungsinternen Qualitätsmanagement soll der gemeinsame Bundesausschuss nach dem neuen § 137 Abs.1d Satz 1 SGB V innerhalb von 12 Monaten nach Inkrafttreten des Gesetzes in Bezug auf Maßnahmen zur Stärkung der Patientensicherheit, also Risiko- und Fehlermeldesysteme, ergänzen. Dabei ist auch zu konkretisieren, welche Instrumente und Vorgehensweisen nach dem aktuellen Erkenntnisstand als Mindeststandards für ein sachgerechtes Risiko- und Fehlermanagement erforderlich sind (z. B. Krankenaktenanalysen, die Auswertung von patientensicherheitsrelevanten Daten der Abrechnung und der externen Qualitätssicherung, die Analyse von einrichtungsinternen Patientenschadensfällen und Erkenntnissen der Haftpflichtversicherungen sowie die Umsetzung von Fehlermeldesystemen – Critical Incident Reporting Systems CIRS). Im weiteren verpflichtet die Vorschrift den Gemeinsamen Bundesausschuss, die Voraussetzungen zu regeln, die einrichtungsübergreifende Fehlermeldesysteme erfüllen müssen, um die nach § 17b Abs. 1 Satz 5 SGB V des Krankenhausfinanzierungsgesetzes (KHG) neu zu vereinbarenden Vergütungszuschläge für teilnehmende Krankenhäuser zu begründen.

2 Änderung des Krankenhausfinanzierungsgesetzes

Die Änderung in § 17b Abs. 1 Satz 5 KFG sieht die Vereinbarung von Vergütungszuschlägen für die Beteiligung an Fehlermeldesystemen vor, soweit diese einrichtungsübergreifend organisiert sind und die Mindestanforderungen des Gemeinsamen Bundesausschusses erfüllen. Die Zuschläge sollen ein Teil der Kosten der Fehlersysteme auffangen und den zusätzlichen personellen und organisatorischen Aufwand der Kliniken im Interesse der Patientensicherheit honorieren.

D Der Patient auf Augenhöhe – Grenzen des gesetzgeberischen Autonomiekonzepts

Der Patient im Jahr 2013 ist der informierteste Patient seit Menschengedenken – keine Leistung des Patientenrechtegesetzes, sondern des Internets. Milliarden von Daten, nun auch noch die neuen Paragrafen zum Behandlungsvertrag, stehen zum jederzeitigen Abruf zur Verfügung. Man kann also den eingangs bereits beleuchteten gesetzgeberischen Informationsgedanken getrost beiseitelassen. Der Gesetzgeber wollte den Patienten aber nicht nur informieren, sondern mehr: Das PatRG soll den Patienten als gleichwertigen und gleich starken Vertragspartner positionieren. Ein oft bemühtes Bild: Der Patient auf Augenhöhe mit dem Arzt.

Strukturell ungleichgewichtige Vertragsverhältnisse wie das Mietverhältnis und das Arbeitsverhältnis haben zur Herausbildung besonderer Arbeitnehmerschutz- und Mieterschutzvorschriften geführt, die die Rechtsposition des naturgemäß „schwächeren" Vertragspartners stärken. Wie der Arbeitnehmer auf Arbeit angewiesen ist und der Mieter auf ein Dach über dem Kopf, so ist es der Patient auf Behandlung. Nur: Gesundheit ist nicht verhandelbar. Die Arzt-Patienten-Beziehung ist und bleibt unabhängig von ihren Rahmenbedingungen vor allem von Vertrauen geprägt. Und so ist das „Vertrauen der Patienten in das Gesundheitswesen" am Ende immer das Vertrauen in den einzelnen Arzt. Rechte, Pflichten und Rechenschaft werden auf dem OP-Tisch zu unwichtigen Parametern. Vertrauen ist unerlässlich für beide Seiten. Der Patient kann sich ohne dieses nicht behandeln lassen, der Arzt nicht mit der nötigen Selbstsicherheit behandeln, wenn er nicht Vertrauen in seine Person und Fähigkeit spürt.

Alle Regelungen im Gesundheitswesen müssen sich daran messen lassen, ob sie diesen Wesenskern der Behandlungsbeziehung schützen. Dass der Patient immer der „Unterlegene", weil der auf Behandlung angewiesene Kranke, sein wird, verführt zu problematischer Überkompensation durch immer umfänglichere Patientenrechte. Rechtssetzung und Rechtsprechung sollten der Versuchung nicht erliegen, will man nicht das Gegenteil von Patientenschutz erreichen.

Verrechtlichung stört jede Vertrauensbeziehung. Rechtssetzung muss sensibel sein und erkennen, wo ihre faktischen Grenzen liegen. Vieles, das weitaus Meiste, ist gut und richtig am PatRG. Dogmatische Schwächen, Unklarheiten, Rechtsunsicherheit hier und da sind nicht schön, aber juristischer Alltag. Damit wird umzugehen sein. Bedenklich ist: Das PatRG birgt die Gefahr, die Vertrauensbeziehung Arzt/Patient zu erdrosseln und dem Arzt die Erledigung seiner ärztlichen Kernaufgaben zu erschweren. Das allerdings wäre fatal.

Beispiel Dokumentation:
Die verwaltungstechnische Überlastung ist hier noch das geringste Problem. Nicht wenige Ärzte „brüten" regelrecht über Dokumentationen, ringen mit Formulierungen und spielen Haftungsszenarien durch. Das führt nicht zur gesetzlich gewünschten zeitnahen Dokumentation, sondern geradewegs ins Gegenteil. Verpflichtungen zu buchhalterischer Dokumentation mit Veränderungssperre und „unverzüglicher" Einsichtsgewährung bewegen sich nahe der Schwelle von Information zur Überwachung.

Beispiel Offenbarungspflicht:
Auch hier ist der im Fehlermanagement liegende Ansatz nachvollziehbar, die Umsetzung der zu Misstrauen regelrecht auffordernden Regelungen allerdings fast bange zu erwarten.

Nach den Buchstaben des PatRG scheint der informierteste der stetig nach Behandlungsfehlern fragende Patient zu sein. Ist das die beabsichtigte Augenhöhe?

Die Offenbarungsregeln sind in keiner Weise zu Ende gedacht. Weder juristisch noch rein praktisch. Eine sorgfältige Schaden-Nutzen-Analyse hat ganz offensichtlich nicht stattgefunden. Die Gesundheit des Patienten geht einem Selbstbezichtigungsschutz des Arztes auch ohne die Offenbarungsregeln stets vor. Was darüber hinausgeht wird immer Graubereiche betreffen, in welchen Offenbarung nicht Information, sondern Spekulation ist.
Und welche Auswirkungen können Fremdfehler-Offenbarungspflichten haben? Ärzte sind mehr denn je Konkurrenzdruck ausgesetzt. Der Arztberuf findet heute unter ganz neuen Rahmenbedingungen statt was Darstellung von Leistung und Qualifikation und die Vergleichbarkeit von Angeboten betrifft. In Zeiten von Ärzte-/Krankenhäuser-Hitlisten tauchen Websites Klinikflure in sanftes sonnengelb und Patientenforen ordnen die Guten ins Töpfchen und die Schlechten ins Kröpfchen. Stümper oder Wunderdoktor – für fast jeden Mediziner lässt sich ein Profil „zusammengoogeln". Es dürfte ignorant sein, die Gefahr zu verkennen, die von gesetzlich geforderten Behandlungsfehlervorwürfen an den Kollegen ausgeht. Werden die Ärztekammern vermeintlich gesetzlich legitimierte „Vorwürfe ins Blaue" ahnden? Wo liegen die Grenzen?
In vielen Fällen wird hier die formal abgelehnte generelle Beweislastumkehr für Behandlungsfehler faktisch durch die Hintertür kommen: Wer sich erst mal im Netz der Offenbarungspflichten verfangen hat, kommt nicht mehr so leicht heraus!

Eine maßvolle Auslegung der Regeln muss verhindern, dass diese zu einem Arbeiten unter Generalverdacht, übersteigertem Rechtfertigungsdruck und einem Misstrauensklima führen. Ohne die nähere Ausformung fassbarer Handlungsgebote zur Offenbarungspflicht durch die Rechtsprechung wird die Behandlungsfehleroffenbarung kaum einheitliche Wege gehen.

Beispiel Standard und Aufklärung:
Die Therapiefreiheit zugunsten einer Kochbuchmedizin zurückzudrängen, wäre alles andere als wünschenswerte Auswirkung des PatRG. Leitlinien sind kein Autopilot im Behandlungsgeschehen. Der Patient ist kein Ikea-Regal, dessen erfolgreicher Zusammenbau nur einer Skizze, einer leidlich geschickten Hand und aller Schrauben in der Tüte bedarf. Desgleichen ist keinem Patienten mit einem Medizinstudium light qua Aufklärung geholfen. Der wichtigste Teil der selbstbestimmten Entscheidung ist immer noch der, wer derjenige sein soll, der für den Patienten dort die Überprüfung vornimmt, was für ihn gut ist, wo er es selbst mangels Fachwissens schlicht nicht kann.

Das PatRG macht aus keinem Stümper einen guten Arzt, aber falsche Weichenstellungen bergen die Gefahr aus einem souveränen Berufsträger einen zögerlichen Defensivmediziner zu machen; mit dem Ergebnis, dass den Patienten, der in kein Schema passt, niemand mehr „anfassen" mag.

Beispiel „voll beherrschbare Risiken":
Wie viel Schicksal darf noch sein? Das wird in der Diskussion bleiben. Klar ist, dass Organisation etwas ist, das – Gott sei Dank – nicht unberechenbaren Prozessen unterliegt wie der menschliche Körper. Optimierung ist höchstes Gebot! Aber an jenen Punkten, an denen es unsicher wird, kann nicht die Überlegung, dass der Patient ja schon genug Probleme hat, die Rechtfertigung für eine Risikozuweisung sein, die schlichtweg der Gesetzmäßigkeit widerspricht, dass es so etwas wie ein „allgemeines Lebensrisiko" gibt. Das gilt auch für die Gesundheit. Die verbreitete Vollkaskomentalität darf nicht auf den Medizinbereich derart übergreifen, dass medizinische Arbeit nicht mehr versicherbar ist.

Fazit:
Wenn der Patient auf Augenhöhe der sein soll, der seinen Arzt vornehmlich als jemanden sieht, gegen den er seine Patientenrechte positionieren muss, damit nichts schief geht, vertuscht oder manipuliert wird, dann ist das sicher nichts, was dem Behandlungsverhältnis gut täte.

E Ausblick

Das Patientenrechtegesetz gibt viel zu tun. Für die Juristen. Für die Ärzte.

Der mündige Patient wird nicht durch Bevormundung des Arztes geschaffen, sondern durch Rahmenbedingungen, die ein vertrauensvolles Zusammenwirken von Arzt und Patient ermöglichen und unterstützen.

Es ist wichtig, dass die Behandlungsseite die unerlässlichen Rahmenbedingungen für ihre medizinische Arbeit verteidigt und hierbei wird ihr der aufgeklärte Patient zur Seite stehen, wenn er feststellt, dass die Umsetzung seiner Patientenrechte aus dem Behandlungsvertrag wesentlich davon abhängt. Die Gesundheits-Politik muss Strukturen schaffen und erhalten, die es den medizinischen Leistungserbringern auch ermöglichen, sich vertragsgerecht zu verhalten.

Der Patient ist sensibler geworden gegenüber der Arbeit der Mediziner. Er will mehr denn je wissen und nachvollziehen können „was mit ihm gemacht wird". Das ist nicht falsch. Erklärt er mit dem Wikipedia-Ausdruck in der Hand dem Arzt Diagnose und Therapie wird es etwas anstrengend und droht er nach Unregelmäßigkeiten im Behandlungsablauf mit Konsequenzen, weil das „mein gutes Recht ist" gar ärgerlich. Und doch müssen der mündige Patient und mehr Transparenz im Behandlungsgeschehen keine Schreckgespenster für die Behandlungsseite sein. Mehr Einblick bietet auch mehr Potential für Verständigung und Verständnis. Den Patienten aufzufangen, wenn sein Verhalten droht ein Vertrauens- in ein Misstrauensverhältnis zu wandeln, ist eine Aufgabe, die sich jeder Arzt stellen können sollte. Hier gilt es eine Souveränität zu entwickeln, die in Zeiten der „Götter in weiß", so es diese Zeiten und Götter überhaupt gegeben haben mag, nicht vergleichbar abgefragt wurde wie heute. Besonnen und sachlich zu reagieren ist das, was vom Arzt im Rahmen der Behandlung erwartet wird und so sollte er auch mit „Anspruchsmentalität" umgehen können.

Die Judikative ist aufgerufen, das PatRG mit Augenmaß anzuwenden. Eine insgesamt zweck- und zielgerechte Auslegung wird die Rechtsprechung weithin beschäftigen. Natürlich hat sie nicht nur dem Patienten zu seinem Recht zu verhelfen, sondern auch den Arzt dabei zu unterstützen, dass er seine Arbeit tun kann. Für Modifizierung ist überall Anlass, wo der Mediziner den ärztlichen Kernbereich seiner Arbeit zugunsten von Zweit- und Drittrangigem vernachlässigen müsste. Weiter als bis zu dieser Grenze darf sich das mit den Patientenrechten korrespondierende Pflichtenprogramm an keiner Stelle auswirken. Zudem ist das Recht des Arztes auf freie Berufsausübung zu achten, welches er als Vertragsarzt ohnehin schon weitgehend zur Disposition stellt. Auch sollte die Rechtsprechung sorgfältig prüfen, in welchen Fallkonstellationen die Gefahr besteht, medizinische Leistungserbringer für Zwänge und Unzulänglichkeiten des Gesundheitssystems haften zu lassen. Von der Behandlungsseite im Vertragsverhältnis mit dem Patienten etwa die Kompensation falscher Weichenstellungen des GKV-Systems zu verlangen, ist zynisch.

Vieles bleibt also abzuwarten bevor ein endgültiges Urteil über Schaden und Nutzen des PatRG gefällt werden kann. Klar dürfte sein: Die Arzt-Patienten-Beziehung wird durch das PatRG nicht revolutioniert. Sie bleibt das, was Arzt und Patient daraus machen.

Stichwortverzeichnis

A

Ablauf der Einsichtnahme	117, 118
Abläufe	
– organisatorische	31
Ablehnung	
– Begründungszwang	114
Abrechnung	59
Abrechnungssystem	63
Abschrift	
– der Patientenakte	117
– lesbar	118
Abwehr von Gesundheitsgefahren	56
Aktenführung	112
Allgemein bekannte Risiken	129
Allgemeine Risiken	84
Allgemeines Lebensrisiko	150
Alltagssprache	91
Alternativaufklärung	87, 99
Ambulante Behandlung	99
Ambulante oder stationäre Operation	88
Ambulanter Bereich	18
Anästhesieverfahren	99
Anerkannter Standard seines Fachgebiets	26
Anerkennungsverbot	53
Anfängerfehler	41, 144
Angehörige	
– des verstorbenen Patienten	120
– nahe	120
Angestellter Krankenhausarzt	14, 34
Anhörungspflicht	78
Apparate-Behandlung	130
Apparaturen	
– technische	130
Arbeitsanweisung	112
Art der Einsicht	117
Arzt	
– liquidationsberechtigter	21
– niedergelassener	19
Arzt-Krankenhaus-Vertrag	
– gespaltener	21
Arzt-Patienten-Beziehung	118, 148, 152
Arzthaftung	125
Arzthaftungsprozess	124
Ärztlich angeordnete Hilfeleistung	40
Ästhetische und kosmetische Chirurgie	86
Aufbewahrung der Patientenakte	108
Aufbewahrungsfrist	108
Aufklärender	90
Aufklärung	
– Dokumentationspflicht	100
– entbehrlich	100
– Entbehrlichkeit	92
– formelle Anforderung	89
– korrekte	99
– ordnungsgemäße	86
– rechtzeitige	99
– therapeutische	47
– Behandlungsalternativen	98
– Behandlung	49
– Erfolgsaussichten	85
– Notwendigkeit der medizinischen Maßnahme	86
– Verzicht	93
– wirtschaftliche	59
Aufklärungsadressat	91, 93
Aufklärungsbogen	36, 90
– Aushändigung	80
– Übergabquittierung	99
– vorformulierter	93
Aufklärungsbögen	99
Aufklärungsfehler	
– Haftungsfall	95
– Rechtsfolgen	95
Aufklärungsgespräch	90, 99
Aufklärungsinhalt	82
Aufklärungsorganisation	132
Aufklärungsperson	90, 99

Aufklärungspflicht	66, 85
– Wegfall	93
Aufklärungspflichtverletzung	95
– Rechtsfolge	100
Aufklärungssituation	
– unklare	143
Aufklärungsversäumnis	96
Aufklärungsverzicht	73, 93
Aufklärungsvorbereitung	99
Aufklärungsvordrucke	106
Auskunft	
– wahrheitsgemäße	52
Ausnahmen	
– von den Informationspflichten	64
Außenseitermethoden	36
Außergewöhnliches Risiko	84
Außerordentliche Kündigung bei Vertrauensstellung	42

B

Bedienungssicherheit	129
Beendigung des Dienstverhältnisses	42
Befriedigungsverbot	53
Befunderhebungsfehler	136, 145
– mit schwerer Folge	141
Begründungszwang für Ablehnung	114
Behandelnder	18
Behandlung	
– ambulante	99
– leitlinienabweichende	27
– medizinische	17
– Sicherheits-Standards	129
– stationäre	99
Behandlungsabläufe	
– Organisation und Koordination	129
– Sicherung der Koordination	132
Behandlungsbezogene Informationspflichten	47
Behandlungserfolg	48
Behandlungsfehler	52
– erkennbarer	55
– fremder	55
– grober	47, 136

– Information	57
– Offenbarungspflicht	50
– Verteidigung	53
Behandlungsfehlerspektrum	30
Behandlungsmethode	
– neue	36
– Wahl	87
Behandlungsmethoden	36
Behandlungsmöglichkeit	
– konkret vorgehaltene	33
Behandlungsrisiko	52, 96
Behandlungsseite	127
Behandlungsunterlagen	59, 67
Behandlungsvertrag	12
– Gegenstand	34
– Kodifizierung	14
– Pflichtverletzungen	95
– schriftlicher	62, 68
– vertragstypischer Inhalt	23
Behandlungsziel	50
Beihilfe	62
Belegarzt	20
Belegärztegemeinschaft	20
Bereich	
– technisch-apparativer	130
Berufs-Pflicht	102
Berufsanfänger	41
Berufshaftpflichtversicherer	53
Beschwerdemanagement	147
Betreuer	22, 72
Betreuungsgericht	72, 74
Bevollmächtigter	72, 73
Beweiserleichterung	129
Beweislastsonderregel	137
Beweislastumkehr	128
Beweislastverschiebung	108
Beweismittel	126
Beweismodifikation	128
Beweisschwierigkeiten	126
Beweisverwertungsverbot	53, 59
– Reichweite	67
Beweiswert der Dokumentation	103
Bewilligungsverfahren	146
Bundesärztekammer	73

C

Checklisten-Dokumentation	101
Checklistenanweisung	112
Chefarzt	41
Chirurgie	
– ästhetische und kosmetische	86
Compliance	47

D

Darlegungs- und Beweislast des Arztes	134
Datenschutz	104
Datensicherheit	104
Dekubitusfälle	130
Delegation	40
– erlaubte	40, 41
Deliktische Haftung	14
Deutsche Sprache	91
Diagnoseaufklärung	82
Diagnosefehler	30
– grober	140
Diagnose i. w. S.	83
Dienstvertrag	38, 44
Dienstvertragliche Kündigung	42
Dokumentation	
– Beweiswert	103
– schriftliche	103
– sorgsame	115
– unleserliche	108
– unzureichende	33
– Verpflichtung	103
– zeitnahe	47
Dokumentationsbelastung	102
Dokumentationsgepflogenheiten	112
Dokumentationslücke	108
Dokumentationsmängel	130, 136
Dokumentationspflicht der Aufklärung	100
Dokumentationspflichtige Umstände	144
Dokumentationsumfang	109
Dokumentationszweck	119
Dolmetscher	91
Dringlichkeitsaufklärung	86
Drohende Gesundheitsgefahr	66

E

EBM	40, 44
EDV-Dokumentation	103
EDV-Verarbeitung	104
Ehegatten	22
Eidesstattliche Versicherung	123
Eigenfinanzierung	64
Eigenständig einklagbarer Rechtsanspruch	92
Einfacher Befunderhebungsfehler mit schwerer Folge	141
Eingriff	
– hypothetische Verläufe	85
Eingriffserweiterungen	85
Einsicht	
– Art	117
– durch Dritte	119
– unverzügliche	117
– Verpflichtung	111
Einsichtnahme	
– Ablauf	117, 118
– Kosten	118
Einsichtnahmeverlangen	117
– Erfüllung	122
Einsichts- und Steuerungsfähigkeit	
– natürliche	78
Einsichtsanspruch	
– Umsetzung	111
Einsichtsrecht	111
– privilegiertes	120
– Umfang	113
– Verweigerung	114
Einwilligung	
– hypothetische	136
– mutmaßliche	74
– wesentliche Umstände	82
– Widerruf	77
– wirksame	70
Einwilligungsbefugter	93

Einwilligungserteilung	70, 74
Einwilligungsfähiger Minderjähriger	75
Einwilligungsfähigkeit	22, 70
Einwilligungsproblematik	22
Einwilligungsunfähiger Patient	100
Elektronische Patientenakte	103
Eltern	22, 75
Elternteile	75
Entbehrliche Aufklärung	100
Entbehrlichkeit der Aufklärung	92
Entbehrlichkeit der Kosten-Information	68
Entbindungsmethoden	99
Entgangener Gewinn	43
Entlastungsbeweis	132
– bei Gerätemangel	134
– bei Lagerung/Bewegung/Transport	133
– bei sonstigen Organisationsfehlern	134
– im Hygienebereich	131, 132
Entscheidungskonflikt	
– ernsthafter	136
Entscheidungsspielraum	120
Erben des verstorbenen Patienten	120
Erfolgsaussichten	
– Aufklärung	85
Erfüllung des Einsichtnahmeverlangens	122
Erfüllungsgehilfen	44, 51
Erkennbarer Behandlungsfehler	55
Erlaubte Delegation	40, 41
Erläuterungsverlangen	119
Ernsthafter Entscheidungskonflikt	136
Erprobungsverfahren	88
Ersatzpflicht	100

F

Facharztstandard	137
Fachliche Standards	26, 35
Fachpersonal	130
Fachstandard	27
Fachstandard-Leistung	27

Fälligkeit	
– der Vergütung	41
Falschbehandlung	125
Falsche Aufklärungsperson	90, 99
Familiengericht	76
Fehldiagnose	
– kostenoptimierte	62, 68
Fehlender Versicherungsschutz	61
Fehlermanagement	50, 147
Fehlermeldesystem	50, 147
Fehlervermeidung	50
Fehlverhalten des Pflegepersonals	131
Folgeschäden	141
Formelle Anforderungen an die Aufklärung	89
Fremder Behandlungsfehler	54
Fremdfehler	149
Fremdleistung	20
Führung der Patientenakte	102, 112
Funktions-/Körperpflege	129
Funktionsfähigkeit	130

G

Gebührenordnung	41
– der Ärzte	41
– der Zahnärzte	41
Gefahrlose Nutzung der Krankenhauseinrichtung	132
Gegenstand des Behandlungsvertrags	34
Geheimhaltung	120
Geldentschädigung	95
Gemeinsamer Bundesausschuss	147
Gemeinschaftspraxis	19
Genehmigung	74
Gerätesicherheit	129
Gesamtschuldnerische Vertrags-Haftung	19
Geschäftsfähigkeit	34, 70
– von Minderjährigen	22
Geschäftsführung ohne Auftrag	73
Gesetzliche Krankenversicherung	31
Gesetzliche Vermutungen	127

Gespaltener Arzt-Krankenhaus-Vertrag	21
Gesundheits- oder Körperschaden	95
Gesundheitsbeeinträchtigung	125
Gesundheitsfachberufe	
– Angehörige der	29
Gesundheitsgarantie	44
Gesundheitsgefahr	
– drohende	66
Gesundheitsschaden	58, 74, 95, 131, 141
Gesundheitssystem	152
Gewinn	
– entgangener	43
GKV-Abrechnungssystem	18
GKV-Leistungskatalog	60
GKV-Patient	18, 63
– Eigenanteile	63
– Zuzahlungen	63
GOÄ	39
GOZ	39
Grober Behandlungsfehler	47, 136, 138
– Legaldefinition	139
Grober Diagnosefehler	140
Grober Organisationsfehler	140
Grober Therapiefehler	140
Grundaufklärung	96, 100
– Versäumnisse	100
– Gründe	
– therapeutische	93

H

Haftung	
– aus dem Behandlungsvertrag	14
– deliktische	14
– vertragliche	20
– wegen unerlaubter Handlung	14
Haftungsfall wegen eines Aufklärungsfehlers	95
Haftungsnorm	16
Haftungsprozess	126
Haftungsrecht	33
Haftungssysteme	14
Haftungsvoraussetzung	95
Handlung	
– unerlaubte	14
Hausarztzentrierte Versorgung	146
Heilbehandlung	35
Herausgabe der Originalunterlagen	117
Herausgabe gegen Kostenerstattung	118
Hilfeleistungen	
– ärztlich angeordnete	40
Hilfsmittel	
– technische	130
Hilfsperson	
– sachkundige	99
Höchstpersönlichkeit	40
Honoraranspruch	
– Verlust	63
Honorarverlust	45
Hygiene-Organisation	
– sorgfaltsgemäße	133
Hygiene-Organisationshaftung	133
Hygienemängel	131
Hygienemaßnahmen	129
Hygieneprogramme	131
Hygieneprotokoll	133
Hygienerisiko	131
Hygienevorschriften	131
Hypothetische Einwilligung	136
Hypothetische Verläufe des Eingriffs	85

I

Indikation	86
– relative	87
Individualvereinbarung	41
Individuelle Gesundheitsleistungen (IGeL)	60
Infektion	
– nosokomiale	116
Infektionsketten	131
Information	
– Textform	62
– therapeutische	48
– über Behandlungsfehler	66

Informationelle Selbstbestimmung	111
– Grundrecht	111
Informationspflicht	47, 66
– Ausnahme	64
– behandlungsbezogene	47
– therapeutische	49
– Verletzung	49
– Verstoß	69
– wirtschaftliche	59, 64
Informationspflichtverletzung	59
Irrtümer zur Kostenfrage	61

K

Kassenärztliche Vereinigung	34, 59
Kassenzahnärztliche Vereinigung	59
Kausalität der Pflichtverletzung	125
Kausalitätsbeweis	143
Kausalität zwischen Pflichtverletzung und Schaden	131
Kodifizierung des Behandlungsvertrages	14
Kollegialitätsgebot	54
Kollegialitätsverbot	55
Komplikationen	52, 98
Konservatives Vorgehen	99
Konsiliararzt	20
Kopierkosten	118, 122
Kosten der Einsichtnahme	118
Kostenerstattung	118
Kostenerstattungsanspruch	146
Kosteninformation	
– Entbehrlichkeit	68
– Textform	68
Kostenoptimierendes Zusammenwirken	62
Kostenoptimierte Fehldiagnose	62
Kostenübernahme	61
– durch Dritte	61
– unklare	62
Kranken- und Pflegekassen	146
Krankenhausarzt	
– angestellter	14, 34
– liquidationsberechtigter	21
Krankenhausbehandlung	20
Krankenhausentgeltgesetz	62
Krankenhausfinanzierungsgesetz	12, 147
Krankenhausträger	19, 21
Krankenhausvertrag	
– totaler	21
Krankenkasse	120
Krankenunterlagen	116
Krankenversichertenkarte	18
Krankenversicherung	
– gesetzliche	31
– soziale	12
Kündigung	
– außerordentliche	42
– dienstvertragliche	42
Kurzfristige Terminabsage	42

L

Labor-diagnostische Leistungen	39
Laborarzt	39
Lagerung	129
Lagerungsfälle	130
Lebensrisiko	
– allgemeines	150
Legaldefinition des groben Behandlungsfehlers	139
Leistungen	
– labor-diagnostische	39
Leistungsantrag	146
Leistungserbringer	50, 152
Leistungskatalog	60
– der GKV	64
Leitlinien	27
Leitlinienabweichende Behandlung	27
Leitlinienkonform	27
Lesbare Abschrift	118
Leseabschrift	119
Liquidationsberechtigter Arzt	21
Liquidationsberechtigter Krankenhausarzt	21
Liquidationsrecht	34

M

Mangelnde Qualifikation des Berufsanfängers	137
Maßnahme	
– Aufklärung über Art, Umfang und Durchführung	83
– medizinische	70
Materieller Schaden	16
MBO-Ärzte	14
Meckerkasten	50
Medikamenteneinnahme	48
Medizin	
– wunscherfüllende	86
Medizinische Behandlung	23
Medizinische Indikation	62
Medizinische Maßnahme	70
Medizinische Notwendigkeit	86
Medizinische Standards	27
Medizinischer Dienst	146
Medizinischer Sachverständiger	140
Medizinisches Versorgungszentrum (MVZ)	20
Mehrere Standardmethoden	99
Meldungspflichtiger Umstand	56
Merkmal „grob"	139
Merkmale ärztlicher Berufsausübung	27
Minderjährige	22
– einwilligungsfähige	75
– Geschäftsfähigkeit	22
– nicht einwilligungsfähige	75
– privat versicherte	22
Minderjährigeneinwilligung	74
Mindeststandards	147
Misserfolgsquote	86
Misserfolgsrisiko	85, 96
Mittel	
– sächliche	32
Mitverschulden des Patienten	47
Mitwirkungsobliegenheiten	47
Mitwirkungspflicht	62
Mobilitätsunterstützungsleistungen	129
Mündiger Patient	151
Mündlichkeit	89, 99
Mutmaßliche Einwilligung	77
Mutmaßlicher Wille	92
– des Verstorbenen	120
Mutmaßlicher Wille des Patienten	
– Erforschung	73
Muttersprachler	91

N

Nachbehandlung	58
Nachbesserungspflicht	44
Natürliche Einsichts- und Steuerungsfähigkeit	78
Nicht einwilligungsfähige Minderjährige	75
Nichterscheinen	42
Nicht geschäftsfähige erwachsene Patienten	34
Niedergelassener Arzt	19
Non liquet	126
Nosokomiale Infektion	116
Notstandsrechtfertigung der Maßnahme	79
Notwendigkeit	
– medizinische	86

O

Objektiv-abstrakter Sorgfaltsbegriff	25
Objektivierbare und subjektive Tatsachen	113
Offenbarung	
– lückenlose	115
– unterlassene	58
Offenbarungs-Verpflichtung	
– Reichweite	67
Offenbarungspflicht	
– Ausgestaltung	50
– bei Behandlungsfehlern	50
Offenbarungstatbestand	51, 66
OP-Lagerungsfälle	130
Operateur	85

Operation	86, 99	Patientenwille	78
– ambulante oder stationäre	99	– mutmaßlicher	74
Operationstechniken	99	– schriftlich niedergelegter	78
Ordnungsgemäße Aufklärung	89	Personaleinsatz	129
Organisation als Bestellpraxis	43	Person des Aufklärenden	90
Organisationsfehler	30	Personenidentisch	19
– grober	140	Pflegefehler	130
Organisationsmängel		Pflegepersonal	
– sonstige	132	– Fehlverhalten	131
Organisatorische Abläufe	31	Pflichtenkreis	
Organisatorische Pflichtverletzung	21	– des Krankenhausträgers	41
Originalunterlagen		Pflichtverletzung	125
– Herausgabe	117, 118	– des Behandlungsvertrages	95
		– Kausalität	125

P

		– organisatorische	21
		– vorwerfbare	25
Parallel-Dokumentation	114	Portokosten	122
Partnerschaftsgesellschaft	20	Praxisablauf	43
Patient		Praxisgemeinschaft	19
– Angehörige	120	Privatpatienten	34
– einwilligungsunfähiger	100	– Honorar	44
– Erben	120	Privat versicherte Minderjährige	22
– Mitverschulden	47	Privilegiertes Einsichtsrecht	120
– mündiger	151	Produktmängel	134
– nicht geschäftsfähiger erwachsener	34	Prozessrisiko	126, 137
– volljähriger	71	**Q**	
Patientenakte	102, 107		
– Abschriften	117	Qualifikation des Berufsanfängers	
– Aufbewahrung	108	– mangelnde	137
– elektronische	103	Qualitätsmanagement	147
– formelle Anforderungen	103		
– Führung	112	**R**	
– vollständige	113		
Patientenbeteiligungsverordnung	12	Rechtsanspruch	
Patientenforen	149	– eigenständig einklagbarer	92
Patientenrechte	11, 148	Rechtsanwalt	111
Patientenschutz	148	– des Patienten	119
Patientensicherheit	147	Rechtsanwaltsvollmacht	119
Patientenverfügung	22, 72	Rechtsfolgen	
– nicht einschlägige	74	– bei Aufklärungsfehlern	95
– unwirksame	74	– bei Aufklärungspflichtverletzung	100
– Wirksamkeit	73	Rechtsgüter	82
		Rechtsunsicherheit	148

Rechtzeitige Aufklärung	99
Rechtzeitigkeit	90
Rechtzeitigkeit der Aufklärung	90
Regelungskodex	26
Relative Indikation	87
Revisionssicherheit	103
Richterrecht	11
Risiken und Nebenwirkungen	61
Risiko	
– allgemein bekanntes	129
– allgemeines	84
– außergewöhnliches	84
– nicht unbedeutendes	75
– spezifisches, aber seltenes	84
– verlaufsabhängige	85
– voll beherrschbare	128
Risiko- und Fehlermeldesysteme	147
Risikoaufklärung	27, 83
Risikoketten	85
Risk-Management-System	134
Routineeingriffe	79
Routinefälle	75
Rücksichtnahme	
– therapeutische	93, 100

S

Sachkundige Hilfsperson	99
Sächliche Mittel	132
Sachverständiger	
– medizinischer	140
Schaden	125
– materieller	16
Schadensersatz	95
Schmerzensgeld	16, 95
Schmerzensgeldanspruch	14
Schriftform	18
Schriftliche Dokumentation	103
Schriftlicher Behandlungsvertrag	62
Schulmedizin	30
Schweigepflicht	119
Schweigepflichtenbindungserklärung	119
Sekundärschäden	141

Selbstbestimmung	
– des Patienten	42
– Grundrecht	111
– informationelle	115
Selbstbestimmungsaufklärung	47, 85
Selbstbestimmungsrecht	
– informationelles	115
Selbstbezichtigung	52, 59
– Offenbarungspflicht	67
Selbstbezichtigungsproblematik	54
Selbstgefährdung	114
Sicherheits-Standards der Behandlung	129
Sicherheits- und Kontrollprogramme	130
Sicherheitseingriff	87
Sicherung der Koordination von Behandlungsabläufen	132
Sicherungsaufklärung	30, 47
Sonstige Organisationsmängel	132
Sorgerecht	91
Sorgfaltsbegriff	
– objektiv-abstrakter	25
Sorgfaltsgemäße Hygiene-Organisation	133
Sorgfaltsmaßstab	7, 25, 26, 28, 29, 31, 35, 161
– in den Gesundheitsfachberufen	29
Sorgsame Dokumentation	99
Soziale Krankenversicherung	12
Sozialgesetzbuch V	146
Sozialversicherungsrecht	33
Sozialversicherungsträger	61, 62
Spezifisches, aber seltenes Risiko	84
Standardmethode	88
Standardmethoden	87, 99
– mehrere	87
Standards	
– fachliche	26, 35
– medizinische	27
– seines Fachgebiets	29
Stationäre Behandlung	99
Strafprozess	59
Strafverfolgungsmaßnahmen	53
Street-ready-Check	132

Sturz- und Transportfälle	130	Unterzeichnete Aufklärungsbögen	99
Symptom- statt Ursachenbehandlung	88	Unverzügliche Einsicht	117
		Unzureichende Dokumentation	108
		Ursachenzusammenhang	138

T

V

Tatsachen			
– objektivierbare und subjektive	113		
Technisch-apparativer Bereich	130	Veränderungssperre	103
Technische Apparaturen	130	Verdachtsdiagnose	83
Technische Hilfsmittel	130	Vergütung	17
Terminabsage		Vergütungshöhe	39
– kurzfristige	42	Vergütungszuschläge	147
Textform der Information	62	Verhaltensanpassung	56
Therapeutische Aufklärung	47	Verlaufsabhängige Risiko	85
Therapeutische Gründe	114	Verlaufsaufklärung	83
Therapeutische Information	48	Verletzung der Informationspflicht	58
Therapeutische Informationspflicht	49	Verlust des Honoraranspruchs	63
Therapeutische Rücksichtnahme	93, 100	Vermutungen	
Therapeutischer Vorbehalt	113	– gesetzliche	127
Therapeutische Zwischenfall-Relevanz	66	Verpflichtung zur Dokumentation	110
Therapiefehler	30	Verschulden	125
– grober	140	Versicherung	
Therapiefreiheit	26, 87	– eidesstattliche	123
Totaler Krankenhausvertrag	21	Versicherungsrechtliche Situation	53
– mit Arztzusatzvertrag	21	Versicherungsschutz	61
Treu und Glauben	61	– fehlender	61
TÜV-IT zertifiziert	104	Versorgung	
		– hausarztzentrierte	146
		– häuslicher Patienten	40
		Verständlichkeit	91

U

		Verstoß gegen die	
Überlegungsfrist	90, 99	Informationspflicht	63, 69
Übermaßdiagnostik	29	Verteidigung gegen den	
Übernahmeverschulden	33	Behandlungsfehler	53
Überwachung	129	Vertragliche Haftung	20
– von technischen Anwendungen	129	Vertrags-Haftung	
Umfang des Einsichtsrechts	113	– gesamtschuldnerische	19
Umsetzung des Einsichtsanspruchs	111	Vertragsarztstandard	31
Unaufschiebbarkeit	92, 100	Vertragspartner	34
Unerlaubte Handlung	14	Vertragspflicht	111
Unklare Aufklärungssituation	143	Vertragspflichten der Parteien	16
Unklare Kostenübernahme	62	Vertragstypischer Inhalt des	
Unleserliche Dokumentation	108	Behandlungsvertrages	23
Unterlassene Offenbarung	58	Vertragsverletzung	70
Unterstützungsleistungen	146		

Vertrauen	42
Vertrauensbeziehung von Arzt und Patient	46
Verweigerung des Einsichtsrechts	114
Verwertungsverbot	59
Verzugsschaden	42
Vetorecht	75, 79
Voll beherrschbares Risiko	128
Volljähriger Patient	78
Vollständige Patientenakte	113
Vorbehalt	
– therapeutischer	113
Vorformulierter Aufklärungsbogen	93
Vorgehen	
– invasives	99
– konservatives	99
Vorhaltung des benötigten Personals	132
Vorschuss nach Treu und Glauben	118
Vorschusspflicht	118
Vorsorgeeingriff	87
Vorsorgevollmacht	22
Vortagsaufklärung	91
Vorwerfbare Pflichtverletzung	25

W

Waffengleichheit	126, 127
Wahl der Behandlungsmethode	87
Wahlleistungsvereinbarung	68
Wahlleistungsverträge	19, 62
Wahlmöglichkeit	87
Wahrheitsgemäße Auskunft	75
Wahrnehmungs- und Rezeptionsfähigkeit	100
Wahrnehmungshorizont	95
Wechsel der Methode	88
Wegfall der Aufklärungspflicht	93
Werkvertrag	38
Widerruf der Einwilligung	77
Widerrufsmöglichkeit	146
Wille	
– des Verstorbenen	120
– mutmaßlicher	79
Wirksame Einwilligung	70
Wirtschaftliche Aufklärung	59
Wirtschaftliche Informationspflicht	59, 64
Wirtschaftlichkeitsgebot	31
Wissensvorsprung	60, 68
Wunscherfüllende Medizin	61

Z

Zahnarzt	39
Zeitnahe Dokumentation	104
Zivilprozessordnung	125
Zurechenbarkeit	100
Zurechnungszusammenhang	95, 96
Zusammenwirken	
– kostenoptimierendes	62
Zweitmeinung	86
Zwischenfall-Relevanz	
– therapeutische	66

Der Autor

Rechtsanwalt Dr. Frank Wenzel ist Seniorpartner in der Kanzlei Halm & Collegen in Köln und Lehrbeauftragter an der Hochschule Fresenius/Köln.

Er besitzt eine langjährige Erfahrung in der Betreuung haftungsrechtlicher Mandate auf Seiten der Leistungserbringer im Gesundheitswesen.

Als Herausgeber und (Mit-)Autor zeichnet er verantwortlich für das in der 3. Auflage erscheinende Werk „Handbuch des Fachanwalts Medizinrecht", das Kompendium „Der Arzthaftungsprozess" sowie den Gesetzeskommentar „Patientenrechtegesetz – Kurzkommentar für die Praxis" (erscheint 2014 im medhochzwei Verlag).

Dr. Wenzel verfasst außerdem medizinrechtliche Fachbeiträge in diversen Fachzeitschriften und hält Vorträge.